AF523894

Weihnachtliches aus der PAPIERWERKSTATT

Isabelle Guiot-Hullot

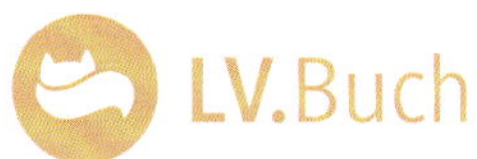

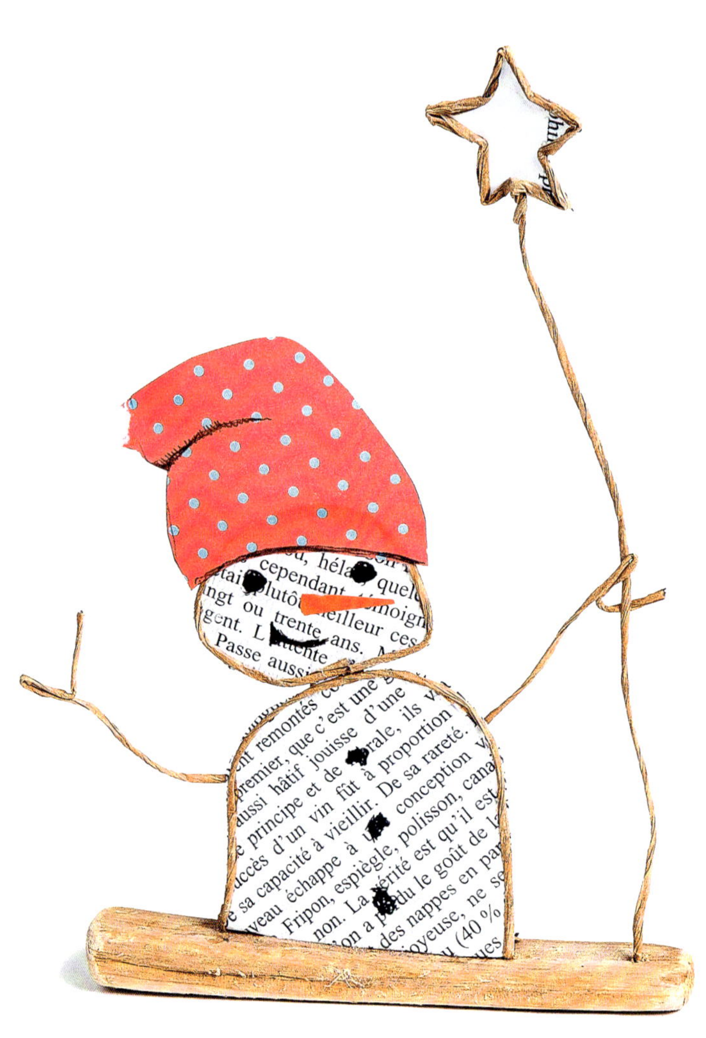

Facebook: @Epistyle Instagram: @epistylepoesiedepapier

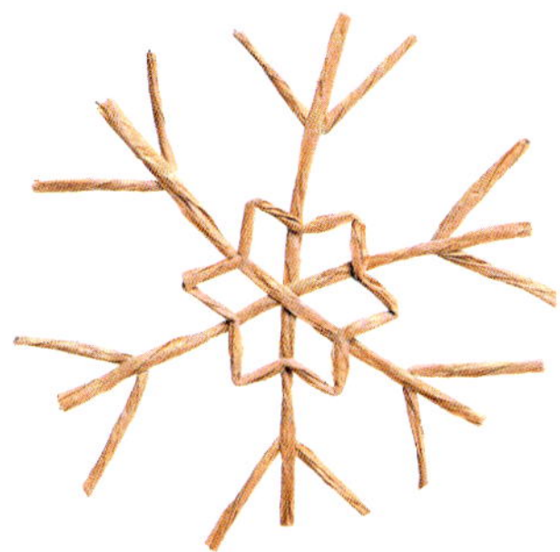

Die Vorweihnachtszeit mit ihren funkelnden Lichtern,
festlichen Klängen und verführerischen Düften lädt dazu ein,
es sich zu Hause gemütlich zu machen.

Arbeiten Sie die Modelle nach oder kreieren Sie eigene Projekte.
Lassen Sie Ihrer Fantasie freien Lauf!

Isabelle Guiot-Hullot

IMPRESSUM

Herausgegeben von Les éditions de saxe
Originaltitel »Poésie de Papier Fête Noël«

1. Auflage 2023

Entwürfe: Isabelle Guiot-Hullot
Zeichnungen: Perrine Dardart
Fotos: Marine Delmer
Übersetzung: Petra Bös, www.petraboes.eu
Druck: Westermann Druck Zwickau GmbH

ISBN 978-3-7843-5746-1

www.lv-buch.de

Papiermodelle im Advent

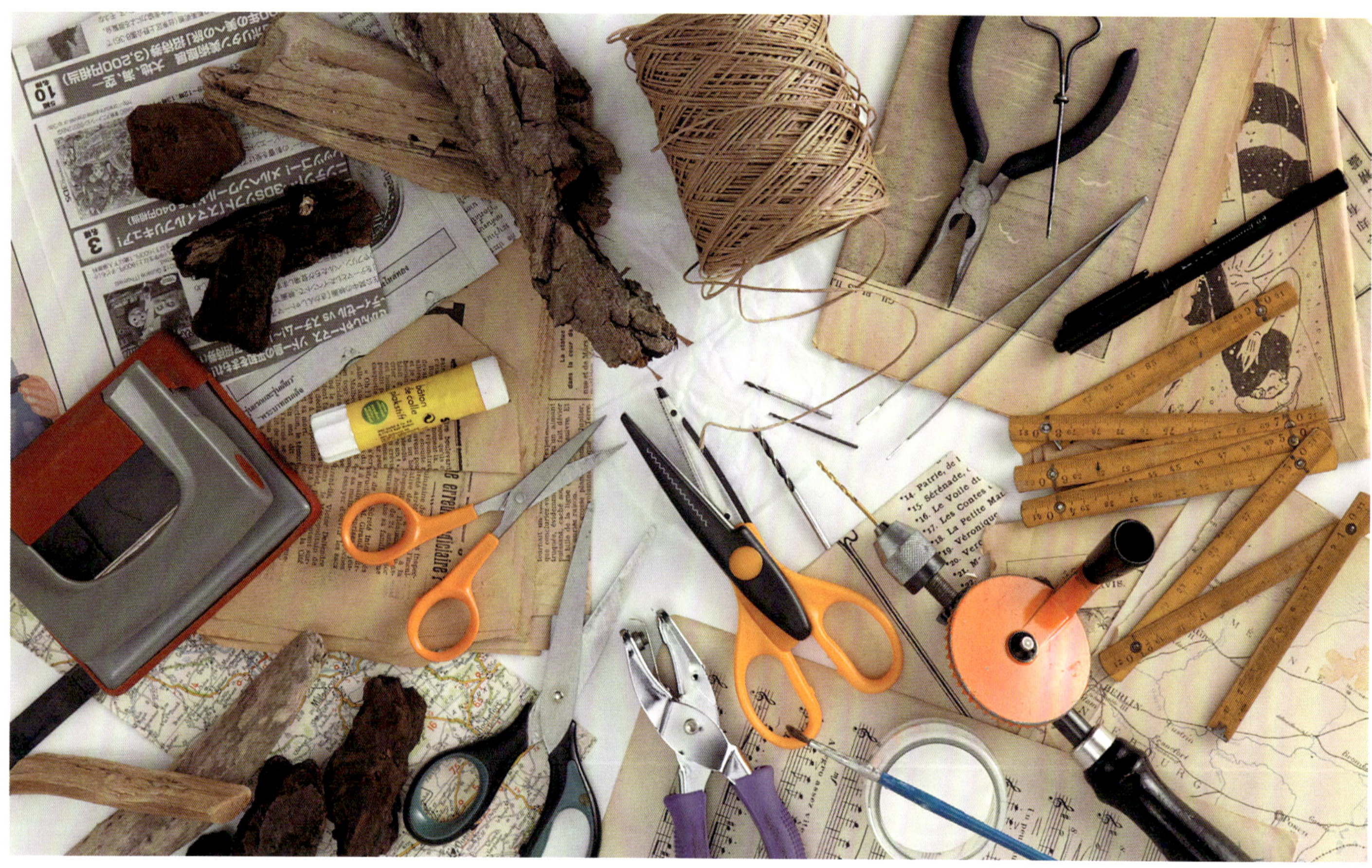

MATERIAL

Papierdraht, auch Winzerdraht genannt

Unterschiedliches Papier:
Von Ihnen gesammeltes Papier.
Verwenden Sie kein Glanzpapier.

Flachzange

Drahtzange

Handbohrer oder Bohrmaschine mit feinem Bohrer

Kleine, spitze Schere

Feiner, schwarzer Filzstift

Plastiklineal

Schnell abbindender Holzleim (auf Vinylbasis, auch Weißleim genannt)

Feiner Pinsel

Mittlerer Pinsel

GRUNDTECHNIK

Arbeiten Sie möglichst auf einer Arbeitsplatte, der Leim nichts anhaben kann, wie zum Beispiel eine Schneidematte.

Formen Sie die Figuren nach den Schablonen und der jeweiligen Anleitung.

Geben Sie Leim auf die Rückseite des Drahts. Tragen Sie den Leim sparsam auf, aber überall da, wo Sie Papier aufkleben möchten.

Kleben Sie die Figuren auf ein Papier Ihrer Wahl.

Mit dem Plastiklineal fest andrücken.

Gut trocknen lassen.

Ausschneiden.

Zeichnen Sie die Details der Figuren mit dem Filzstift entsprechend der Anleitung ein oder fertigen Sie die Details mit Draht- oder Papierstückchen für ein plastisches Erscheinungsbild.

Bohren Sie zum Befestigen der Skulpturen ca. 1 cm tiefe Löcher in den Holzsockel. Geben Sie Leim auf die Stielenden und stecken Sie sie in die gebohrten Löcher. Gut trocknen lassen.

Den Draht biegen

Papierdraht ist sehr biegsam. Er ist leicht zu formen und behält die gewünschte Form bei.

Biegen Sie Rundungen mit den Fingern und verwenden Sie die Flachzange, um den Draht zu ziehen oder zu knicken.

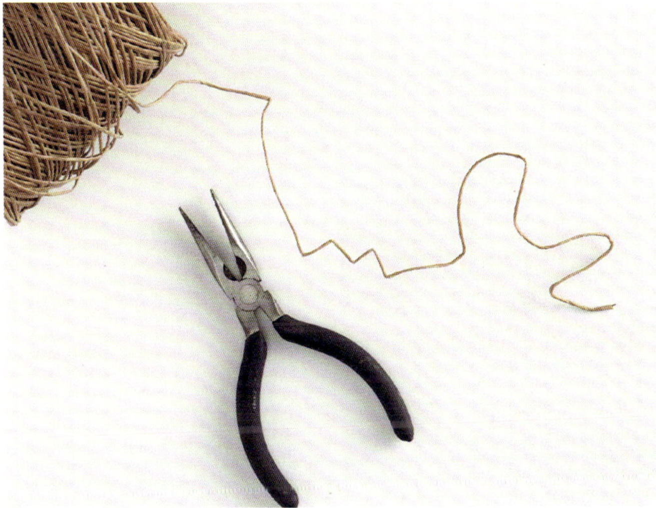

Die Ecken

Manche Ecken müssen besonders markant sein.

Nehmen Sie den Draht mit der Flachzange und drücken Sie ihn mit dem Finger gegen die Seite der Zange, um den Draht zu knicken.

Anschließend können Sie den Winkel nach Bedarf öffnen.

Den Draht auf das Papier kleben

Tipp: *Flachen Sie den Draht mit einer Teigrolle oder einem stabilen Glas ab. Falls sich der Draht einrollt, bearbeiten Sie ihn einfach von der anderen Seite.*

1. Halten Sie den Draht an den Enden fest, die in den Sockel gesteckt werden, und tragen Sie mit dem Pinsel gleichmäßig eine dünne Schicht Leim auf den Draht auf.

Falls nötig, richten Sie die Skulpturen neu aus.

2. Legen Sie den Draht aufs Papier und drücken Sie ihn mit den Fingern ein paar Sekunden an.

Lassen Sie den Leim 5 bis 10 Minuten trocknen.

Tipp: *Sie können den Leim 30 Sekunden bis zu einer Minute anziehen lassen, bevor Sie den Draht auf das Papier kleben. So klebt der Draht schneller am Papier, was die Zeit des Andrückens reduziert. Allerdings können Sie auf diese Art die Lage des Drahts auf dem Papier nachträglich nicht mehr korrigieren.*

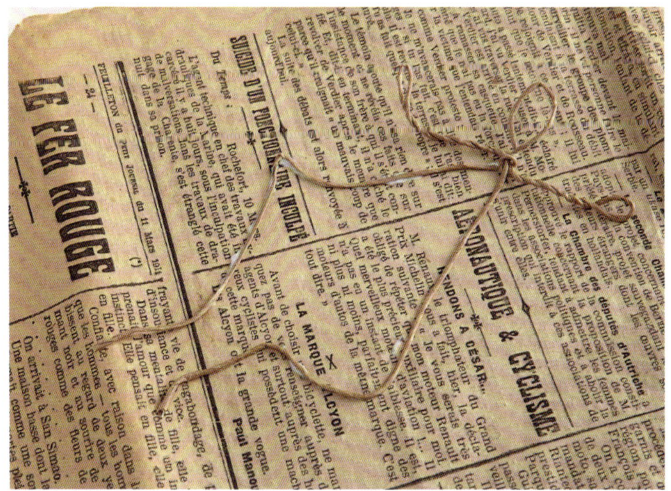

Das Papier ausschneiden

1. Wenn Sie ein großes Blatt Papier haben, schneiden Sie das Motiv zunächst grob ein paar Zentimeter vom Rand aus.

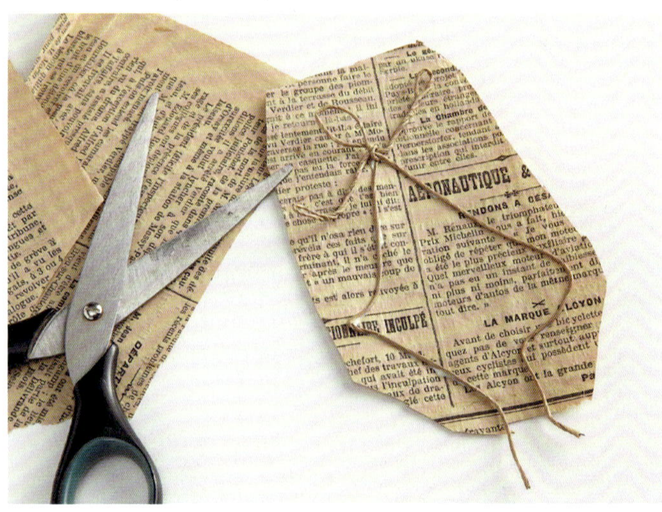

2. Bearbeiten Sie das Papier mit dem Draht auf der Ihnen zugewandten Seite. Verwenden Sie eine kleine, spitze Schere und schneiden Sie eng am Draht entlang, ohne diesen zu beschädigen.

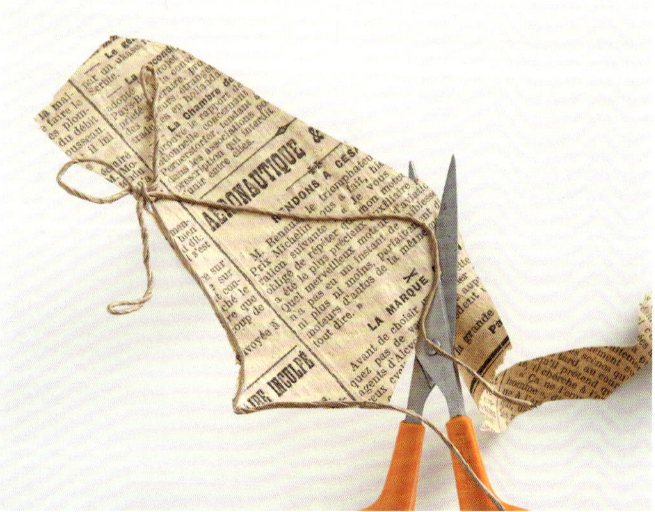

Auf dem Sockel befestigen

1. Kürzen Sie die Drahtenden bis auf einen Zentimeter, der in den Sockel gesteckt wird. Lassen Sie beim Ausschneiden des Papiers diese Drahtenden überstehen. Legen Sie die Figuren zur Montage auf den Tisch und platzieren Sie den Sockel davor.

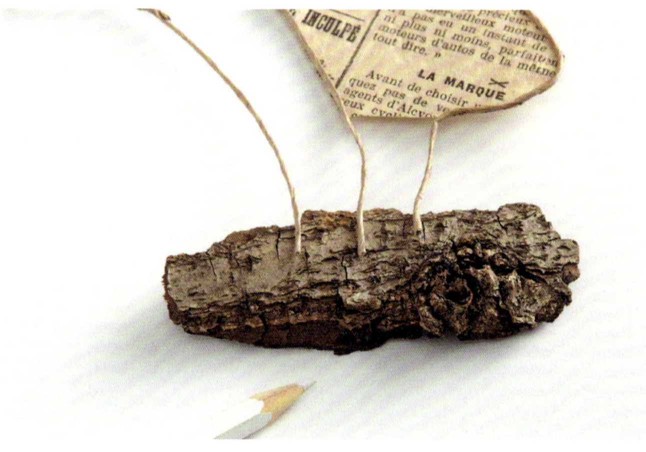

2. Kennzeichnen Sie die Stellen für die Befestigung. Bohren Sie mit dem Vorbohrer oder dem Handbohrer Löcher an die entsprechenden Stellen des Sockels.

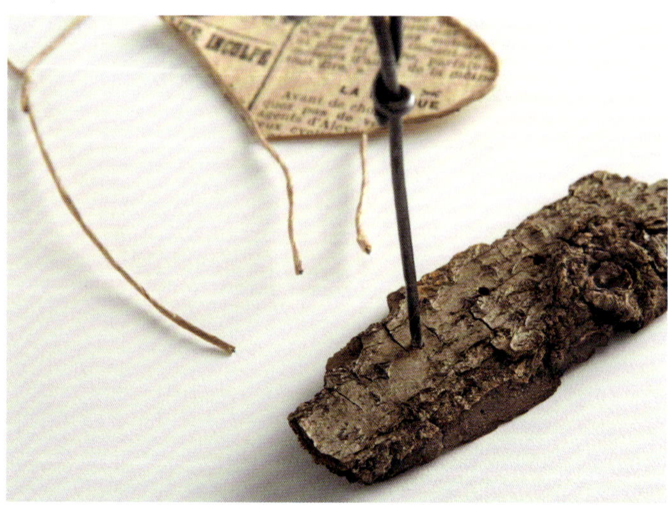

3. Geben Sie auf die Drahtenden etwas Leim und stecken Sie die Enden in die Löcher. Die Figuren müssen nicht unbedingt senkrecht stehen.

15 Minuten trocknen lassen. Wenn der Leim gut getrocknet ist, können die Figuren durch vorsichtiges Biegen der Drähte ausgerichtet werden.

Die Sterne

1. Biegen Sie den Draht mit der Flachzange 1 cm vor dem Ende um. Knicken Sie den Draht zehnmal im Zickzack (siehe „Die Ecken") und formen Sie gleichmäßige Zacken.

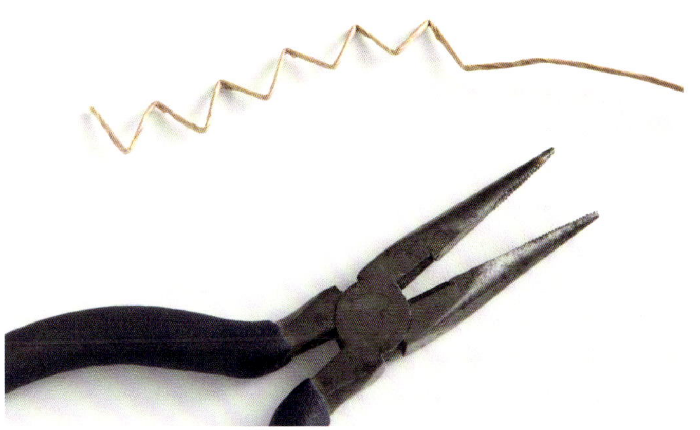

2. Schließen Sie den Stern, indem Sie das freie Ende um den Stiel wickeln.

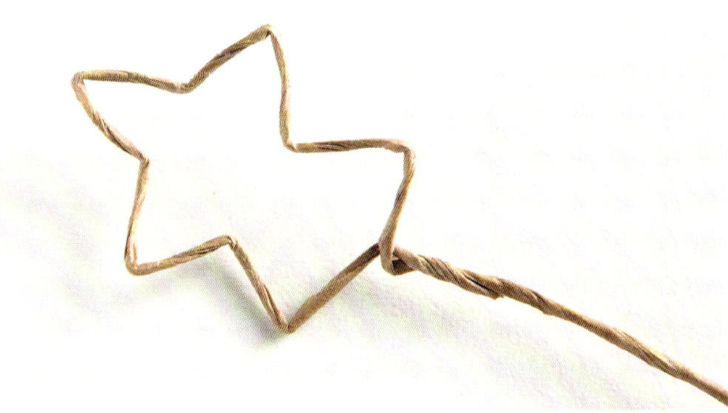

3. Biegen Sie die inneren Zacken auf die Innenseite, um dem Stern seine Form zu geben. Kleben Sie den Stern auf weißes Seidenpapier (siehe „Den Draht auf das Papier kleben").

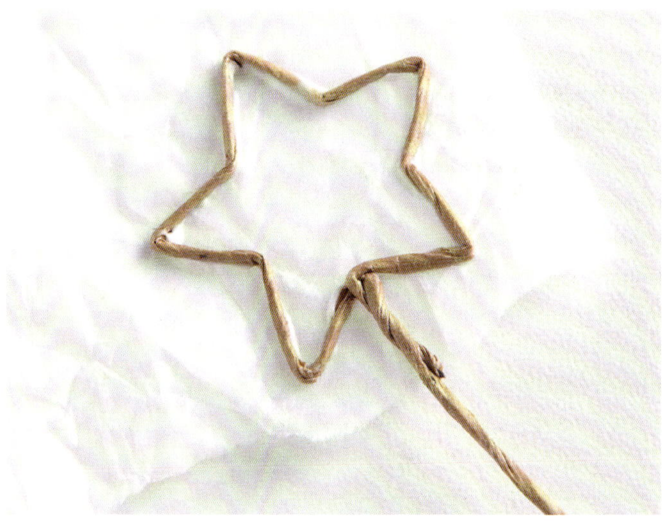

4. Gut trocknen lassen und ausschneiden (siehe „Das Papier ausschneiden"). Kürzen Sie den Stiel auf die gewünschte Länge.

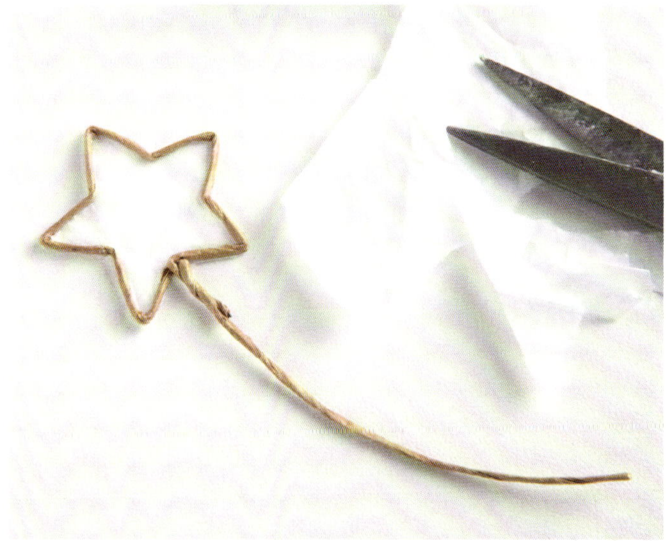

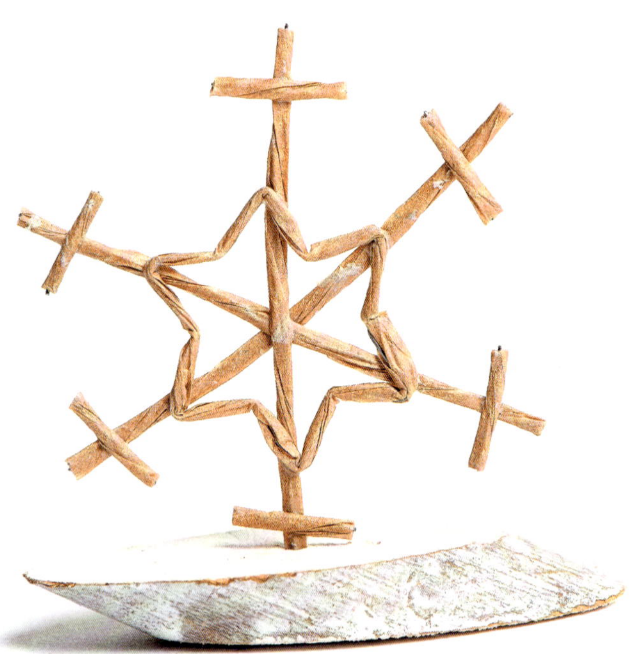

Winterliche Schneeflocken

SCHWIERIGKEIT ☆☆☆

ANLEITUNG

Beginnen Sie mit der Basis der Flocken. Schneiden Sie dafür drei Drähte in gleicher Länge ab.

Formen Sie das Motiv, das die langen Drähte verbindet (Stern oder Sechseck).

Tragen Sie Leim an sechs Stellen auf und legen Sie die Drähte übereinander. Geben Sie für einen besseren Halt etwas Leim in die Mitte. Drücken Sie alle Klebestellen mit der Flachzange zusammen.

Gut trocknen lassen.

Kleben Sie kurze Drahtstücke an die Enden der Basisdrähte. Drücken Sie sie mit der Flachzange zusammen.

Gut trocknen lassen.

Verwenden Sie einen Faden, um die Flocken aufzuhängen.

Tipp: *Sie können mit den Schneeflocken Ihre Festtagstafel dekorieren oder sie mit einem Faden an den Weihnachtsbaum hängen.*

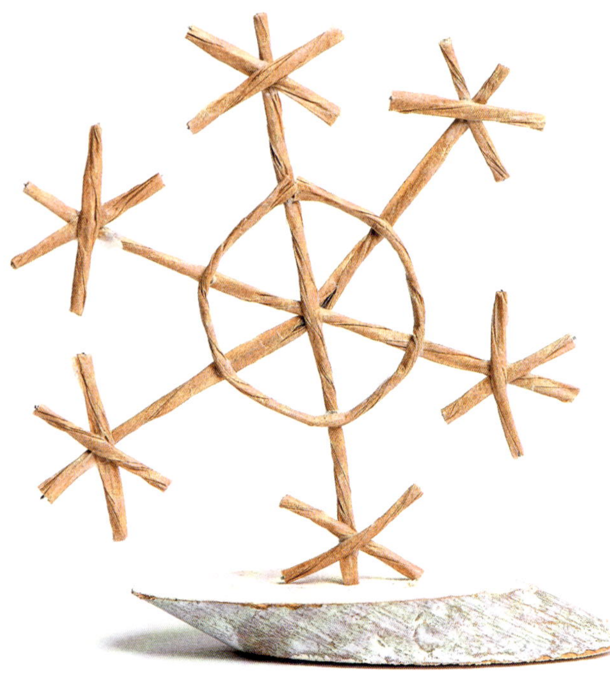

Winterliche Schneeflocken

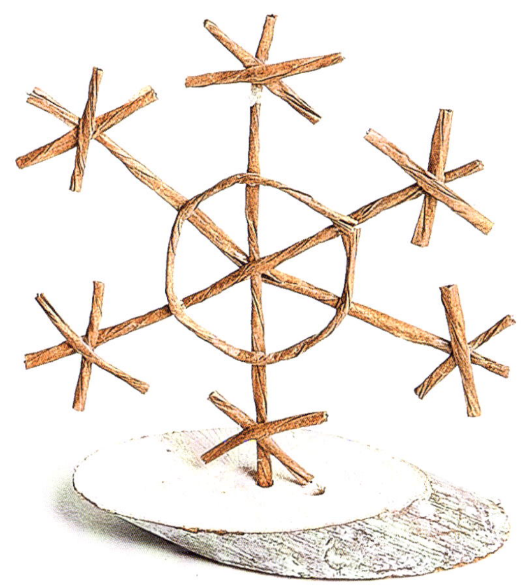

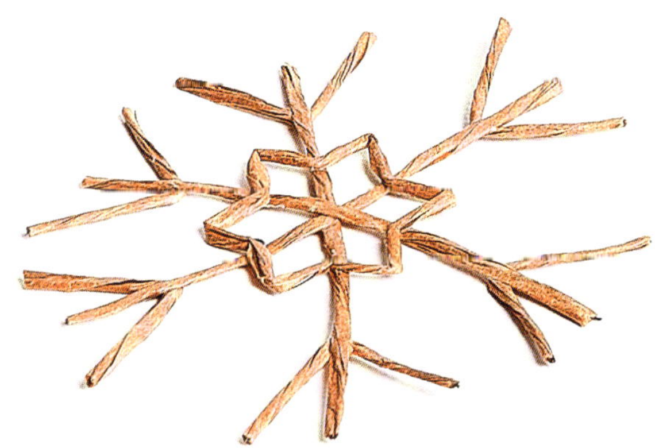

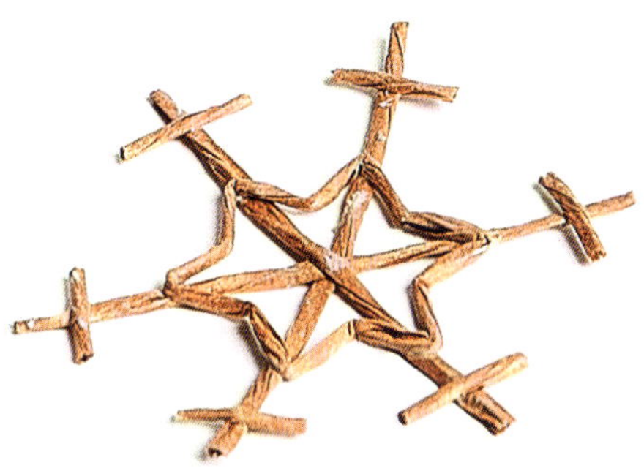

Drei Häuschen

SCHWIERIGKEIT ☆

Die Häuschen eignen sich gut für den Einstieg oder für Kinder, um die Arbeit mit Papierdraht zu üben. Was für eine Freude, mit den eigenen Werken den Baum zu schmücken!

Zusätzliches Material für dieses Modell

Dicker, schwarzer Filzstift

ANLEITUNG

Die Aufhänger

Formen Sie die Aufhänger. Falls nötig, können die Aufhänger verlängert werden.

Die Häuschen

Formen Sie für jedes Häuschen den Boden und die Wände, dann das Dach mit dem Kamin.

Kleben Sie alles auf Papier Ihrer Wahl. Geben Sie keinen Leim auf die Schleife oben am Dach, da hier der Aufhänger befestigt wird.

Gut trocknen lassen und ausschneiden.

Schneiden Sie die Fenster aus hellem, einfarbigem Papier aus.

Kleben Sie sie auf die Häuser. Gut trocknen lassen.

Die Fenster mit dem dicken, schwarzen Filzstift umranden und die Fensterkreuze einzeichnen.

.

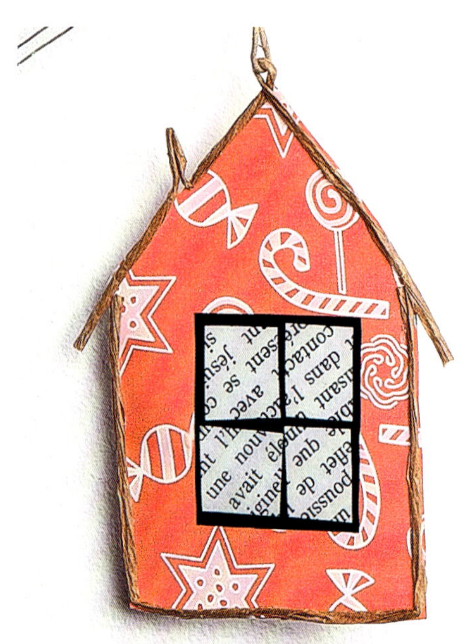

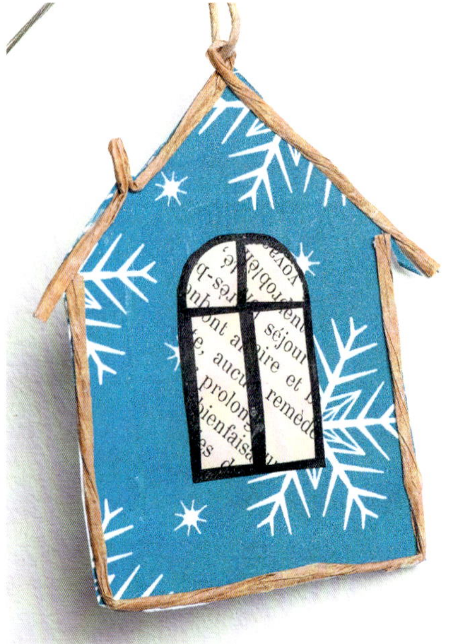

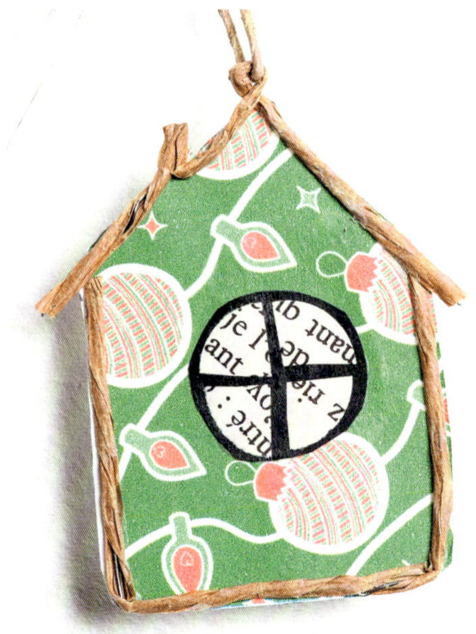

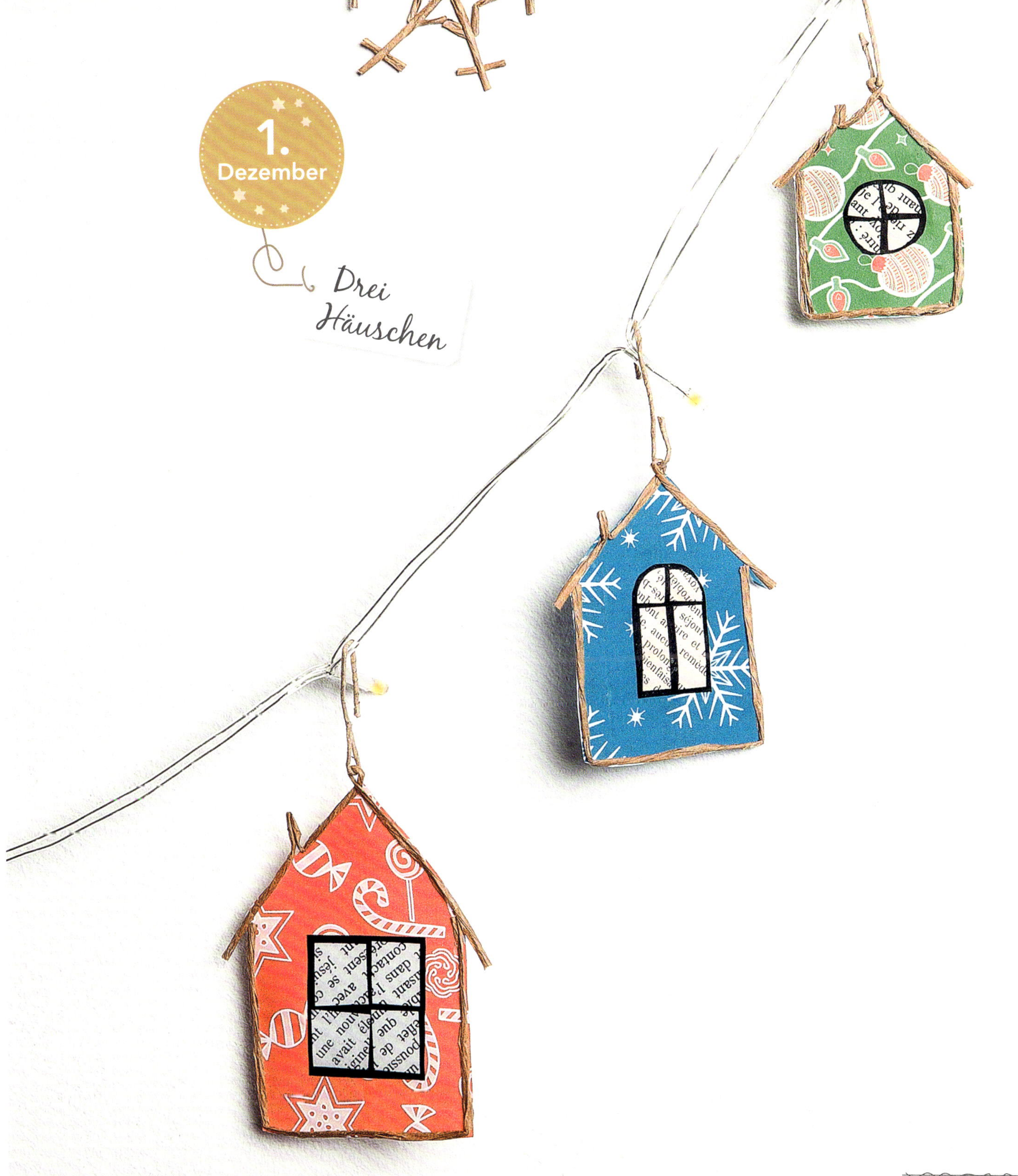
1.
Dezember
Drei Häuschen

Die Schneekugel

SCHWIERIGKEIT ☆☆

ANLEITUNG

Für die Kugel

Formen Sie die Kugel nach der Schablone.

Biegen Sie den Draht um eine Schüssel oder einen Topf, um eine schöne Rundung zu erhalten.

Kleben Sie ihn auf das hellgraue Papier mit den Schneeflocken.

Gut trocknen lassen und ausschneiden.

Formen Sie den Fuß der Schneekugel.

Kleben Sie ihn auf ein Papier Ihrer Wahl.

Kleben Sie den Fuß unter die Kugel.

Kleben Sie zwei 5 cm lange Drähte auf die Rückseite der Schneekugel, lassen Sie an der unteren Kante 1 cm Draht überstehen, der in den Sockel gesteckt wird.

Für die Tannen, die Hütte und den Stern

Formen Sie die Elemente, kleben Sie sie auf ein Papier Ihrer Wahl.

Gut trocknen lassen. Ausschneiden.

Schneiden Sie ein gelbes Quadrat für das Fenster aus.

Kleben Sie es auf die Hütte. Umranden Sie das Fenster mit einem dicken, schwarzen Filzstift und zeichnen Sie das Fensterkreuz ein.

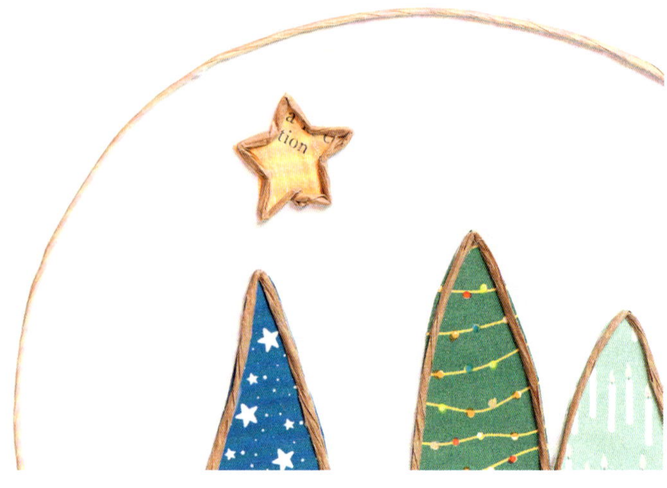

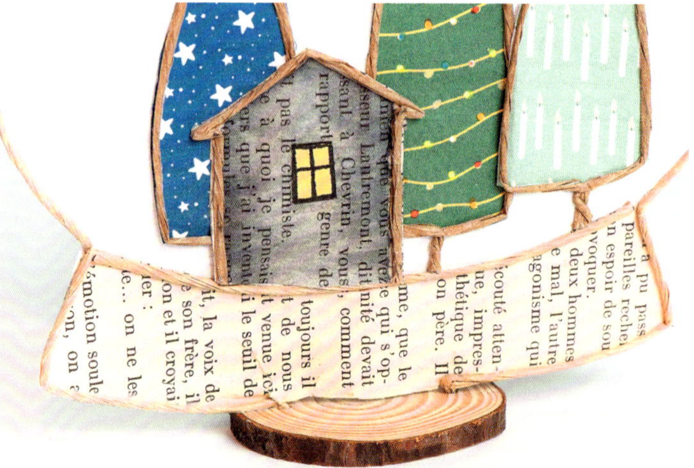

MONTAGE

Kleben Sie die Tannen auf den Fuß der Schneekugel. Dann setzen Sie das Haus und den Stern ein und kleben beides fest.

Kleben Sie nun die Schneekugel auf den Holzsockel.

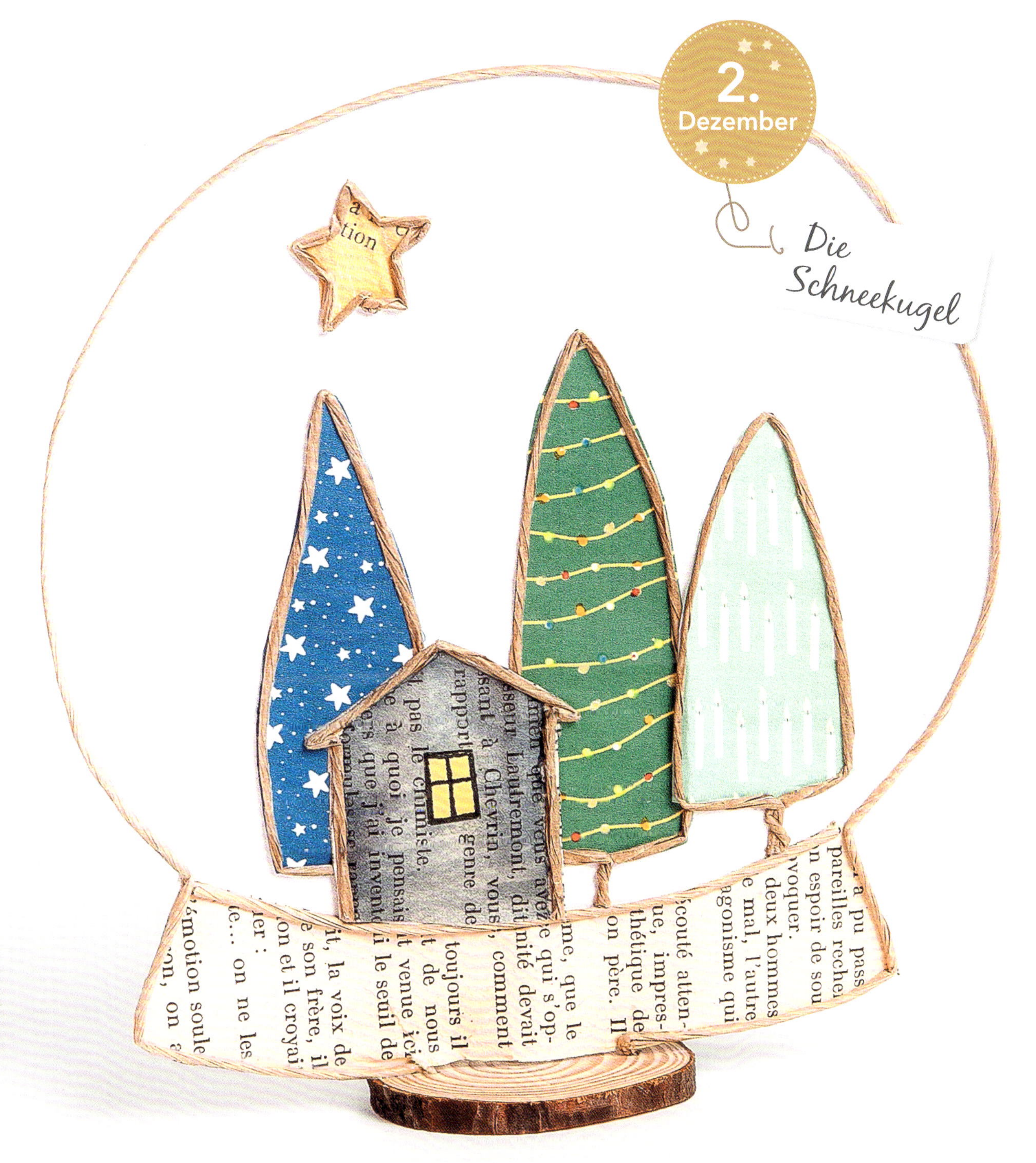
2.
Dezember
Die Schneekugel

Weihnachten im Wald

SCHWIERIGKEIT ☆☆☆

Zusätzliches Material für dieses Modell
Bastelspan, 1 m lang und 1,8 cm breit
Papierklammer
Zackenschere (nach Belieben)
Motivstanzer Stern

ANLEITUNG

Die Hütte

Formen Sie das Dach, kleben Sie es auf weißes Papier, schneiden Sie das Dach aus. Sie können mit einer Zackenschere arbeiten.

Kleben Sie das Dach auf ein Papier für die Hütte.

Kleben Sie die beiden Drähte je auf eine Seite.

Schneiden Sie die Hütte aus.

Formen Sie den Kamin und kleben Sie ihn auf. Kleben Sie ein winziges Konfetti aus weißem Papier als Schnee auf den Kamin.

Gut trocknen lassen.

Schneiden Sie die Tür und den Stern für das Fenster aus weißem Papier aus und kleben Sie beides auf.

Mit dem schwarzen Filzstift dünn umranden.

Die Pilze

Formen Sie die Köpfe und die Füße.

Kleben Sie die Köpfe auf rotes und die Füße auf weißes oder beiges Papier.

Gut trocknen lassen und ausschneiden.

Kleben Sie die Köpfe auf die Füße.

Kleben Sie einen Stiel hinter den Fuß jedes Pilzes.

Das Eichhörnchen

Formen Sie den Körper des Eichhörnchens, anschließend den Schwanz. Kleben Sie es auf ein Papier Ihrer Wahl.

Gut trocknen lassen und ausschneiden.

Kleben Sie den Schwanz hinter den Körper.

Der Vogel

Formen Sie den Vogel, dann seinen Flügel. Kleben Sie ihn auf ein Papier Ihrer Wahl.

Gut trocknen lassen und ausschneiden.

Kleben Sie den Flügel auf den Körper.

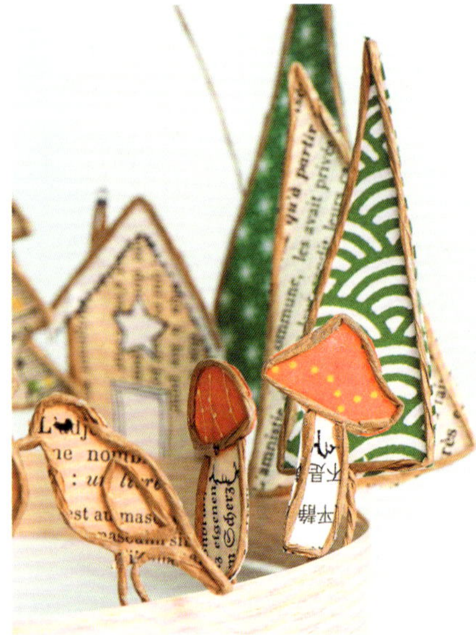

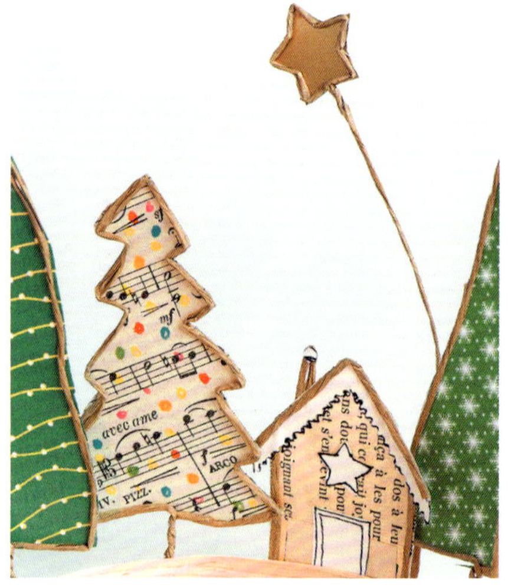

Der Hase

Formen Sie den Körper. Kleben Sie ihn auf ein Papier Ihrer Wahl.

Gut trocknen lassen und ausschneiden.

Schneiden Sie ein Schwänzchen aus weißem Papier aus. Beachten Sie, dass ein Teil hinter den Körper geklebt wird.

Aufkleben und gut trocknen lassen.

Die Tannen

Orientieren Sie sich an den Bäumen aus den anderen Projekten und fertigen Sie fünf unterschiedliche Nadelbäume an.

Der Ring

Formen Sie einen doppelten Ring mit dem Bastelspan.

Lassen Sie die Enden auf beiden Seiten sich überlappen.

Nicht zu sehr anziehen.

Die beiden Enden festkleben und mit einer Papierklammer fixieren.

Gut trocknen lassen.

3. Dezember

Weihnachten im Wald

MONTAGE

Geben Sie Leim auf die Stiele der Skulpturen und stecken Sie sie zwischen die beiden Ringe.

Gut trocknen lassen.

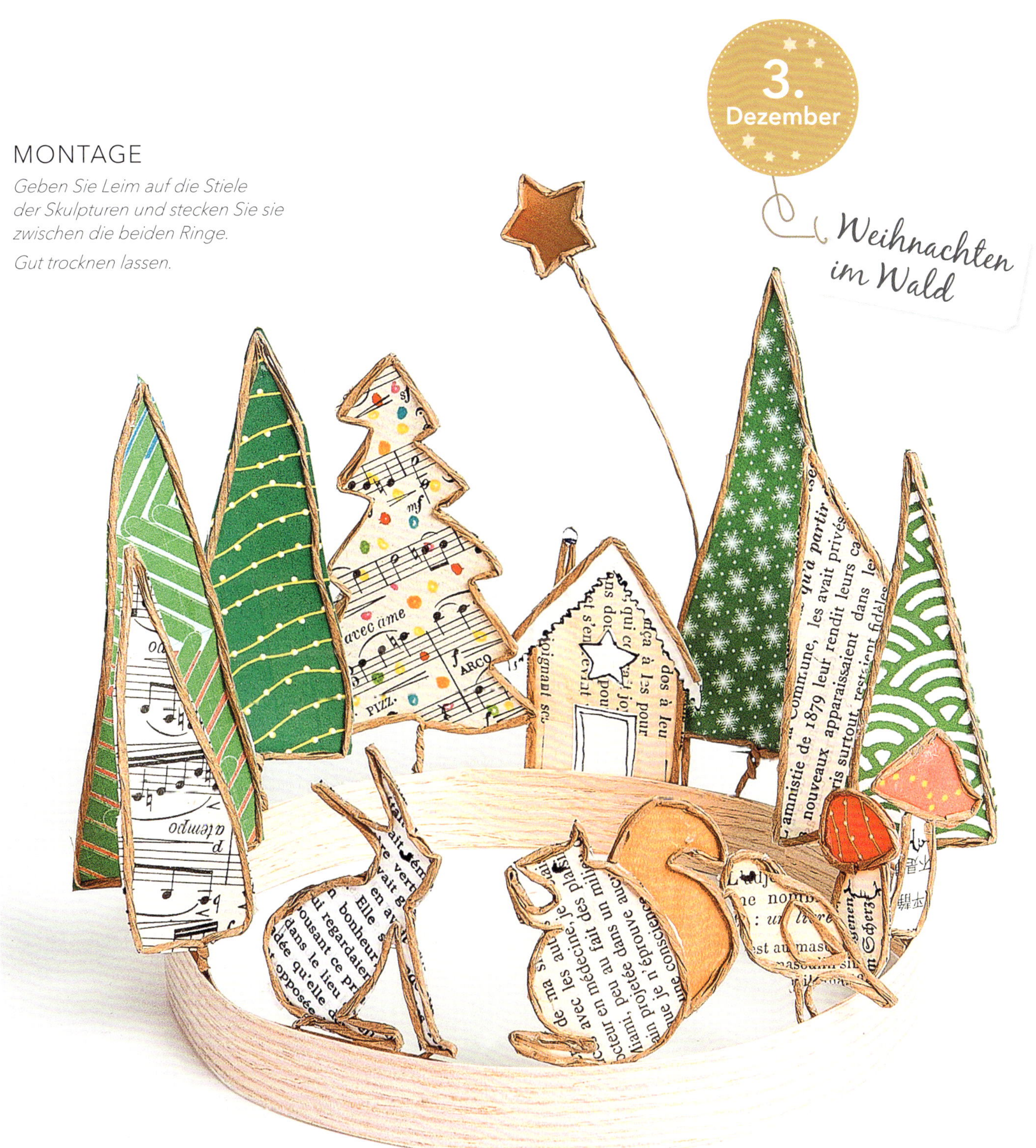

Wichtel aus dem Norden

SCHWIERIGKEIT ☆☆

Zusätzliches Material für dieses Modell
Brauner Filzstift

ANLEITUNG

Die Wichtel-Frau

Formen Sie den Körper, die Nase und die Mütze. Kleben Sie den Körper und die Mütze auf ein Papier Ihrer Wahl und die Nase auf eine beige Buchseite.

Gut trocknen lassen und ausschneiden.

Schneiden Sie das Gesicht aus einem hellen, einfarbigen Papier aus.

Flechten Sie 2 Zöpfe aus Papierdraht.

Kleben Sie das Gesicht auf den Körper, anschließend die Nase auf das Gesicht.

Kleben Sie die beiden Zöpfe unter die Mütze, dann ziehen Sie die Mütze in das Gesicht bis auf die Nase.

Gut trocknen lassen.

Zeichnen Sie den Mund mit einem roten Filzstift.

Der Wichtel-Mann

Formen Sie den Körper, die Nase und die Mütze. Kleben Sie den Körper und die Mütze auf ein Papier Ihrer Wahl und die Nase auf eine beige Buchseite.

Gut trocknen lassen und ausschneiden.

Schneiden Sie das Gesicht aus einem hellen, einfarbigen Papier aus.

Reißen Sie den Bart und den Schnurrbart aus einer weißen Buchseite aus.

Kleben Sie das Gesicht auf den Körper auf, dann den Bart und den Schnurrbart und schließlich die Nase.

Kleben Sie die Mütze direkt über die Nase.

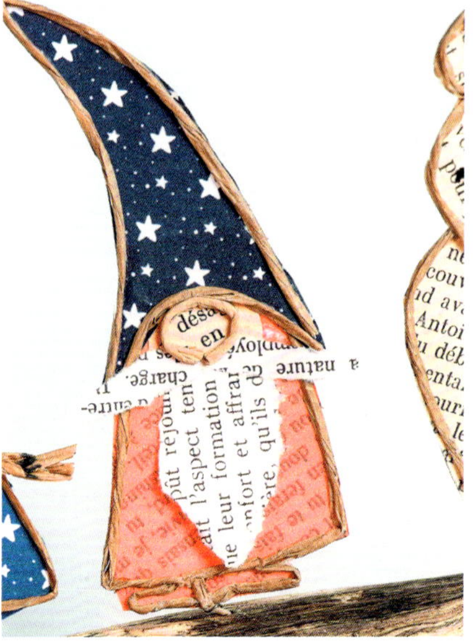

Das Rentier

Formen Sie den Kopf, den Körper und die Innenseite der Läufe.

Kleben Sie sie auf eine beige Buchseite.

Schneiden Sie die Stirnpartie aus orangem Papier aus.

Die Stirnpartie mit braunem Filzstift umranden. Gut trocknen lassen.

Zeichnen Sie die Augen und die Schnauze.

Formen Sie das Geweih und drücken Sie die Ecken mit einer Flachzange zusammen.

Flachen Sie den Geweihansatz mit einer Flachzange ab und kleben Sie das Geweih hinter den Kopf.

Der Stern

Formen Sie den Stern nach der Schablone.

Gut trocknen lassen und ausschneiden

MONTAGE

Passen Sie den Stiel des Sterns in der Länge an.

Befestigen Sie die Figuren auf dem Holzsockel.

4. Dezember

Wichtel aus dem Norden

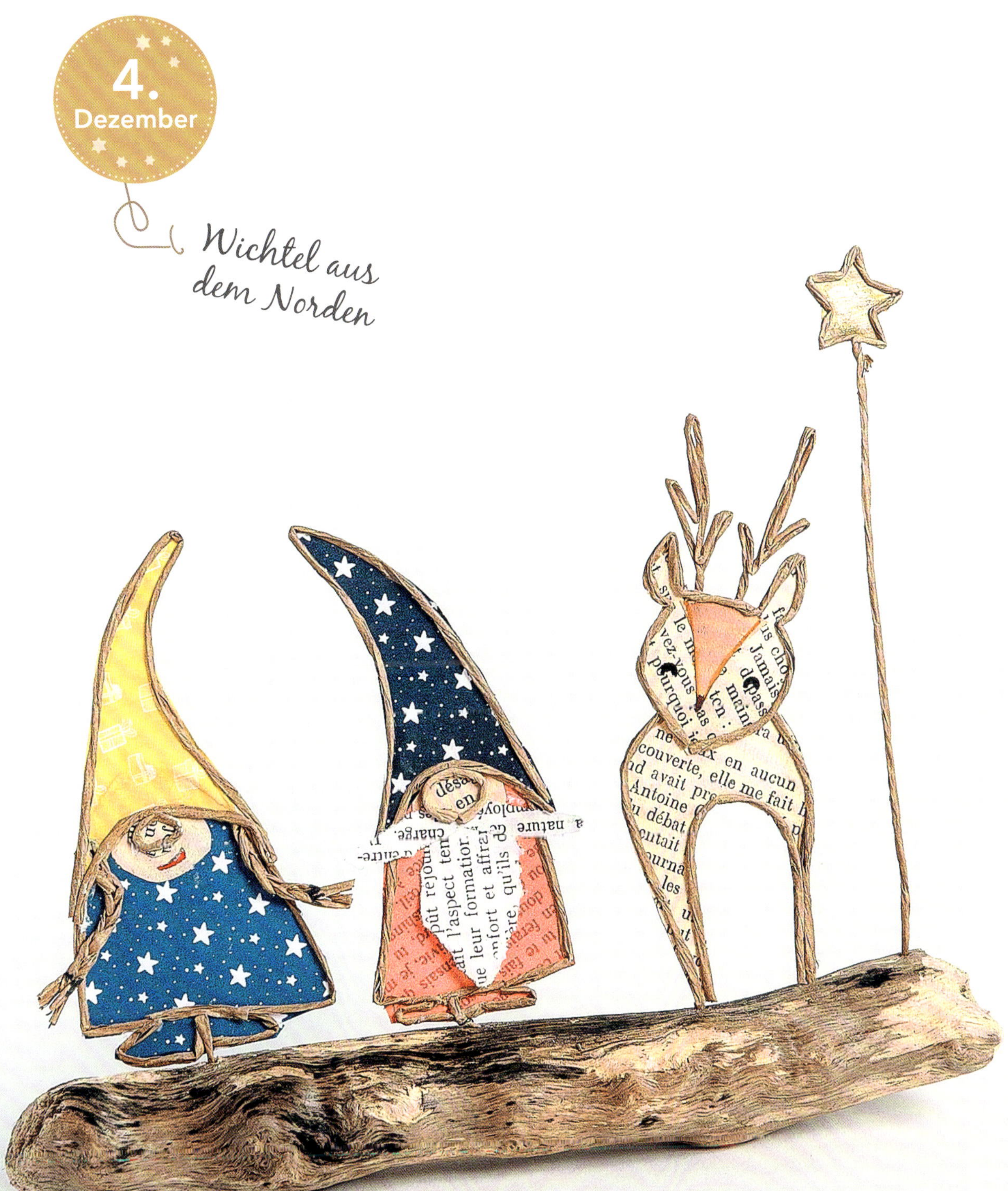

Weihnachtskarte mit Rotkehlchen

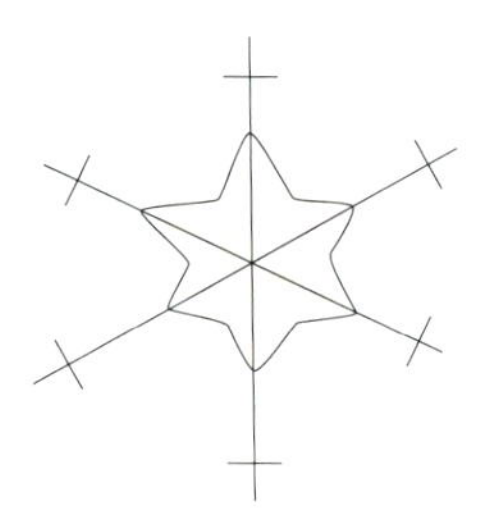

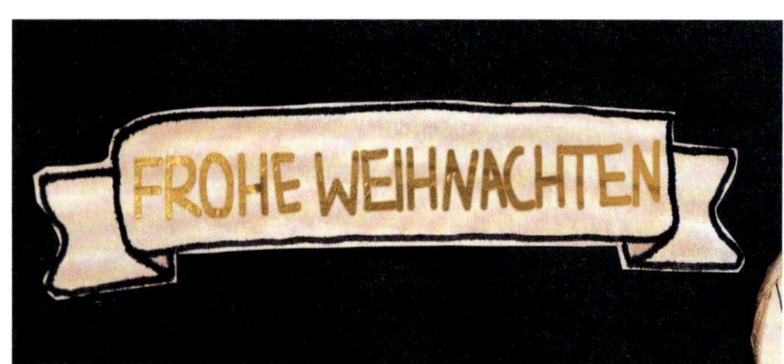

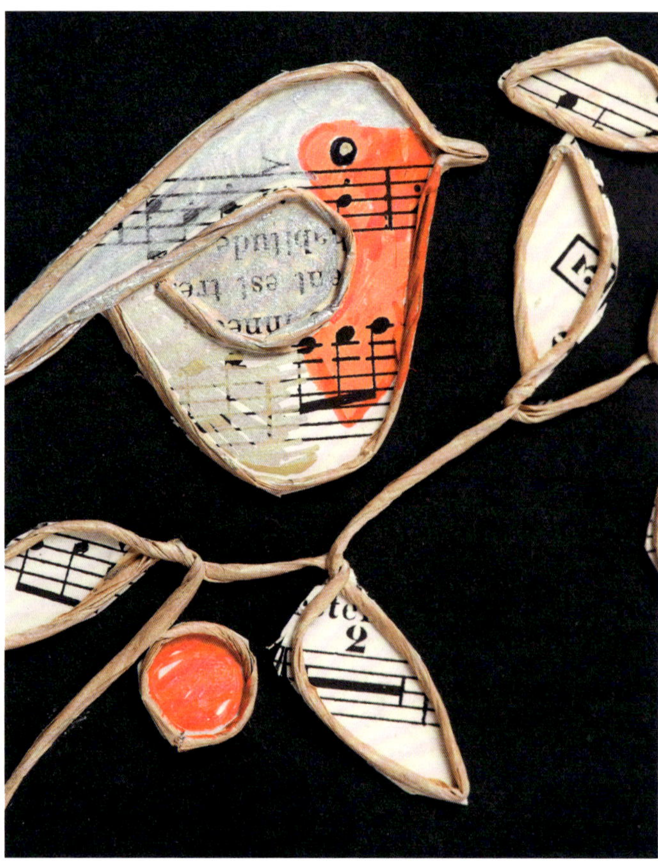

SCHWIERIGKEIT ☆☆

Bereiten Sie Ihren Lieben mit selbst gebastelten Weihnachtskarten eine besondere Freude.

Zusätzliches Material für die Karte

Roter, goldener und silberner Filzstift

ANLEITUNG

Das Rotkehlchen

Formen Sie den Vogel an einem Stück. Beginnen Sie an der Unterseite des Schwanzes.

Kleben Sie den Draht, der den Flügel bildet, auf eine Buchseite.

Gut trocknen lassen und ausschneiden.

Sie können den Vogel problemlos nach hinten biegen, um beim Ausschneiden gut an den Flügel zu kommen.

Kleben Sie anschließend das Rotkehlchen auf Notenpapier.

Tragen Sie Leim auf die Rückseite des Flügels auf und kleben Sie ihn an den Körper.

Malen Sie den Hals des Vogels rot an, den Rücken, den Schwanz und den Flügel silbern und den Bauch golden.

Formen Sie den Zweig. Kleben Sie alle Blätter auf Notenpapier.

Gut trocknen lassen und ausschneiden.

Formen Sie die Beeren. Wickeln Sie den Draht um einen dicken Filzstift, damit Sie eine gleichmäßige Rundung erhalten.

Kleben Sie die Beeren auf rotes Papier.

Fertigen Sie ein Schildchen »Joyeux Noël« oder »Fröhliche Weihnachten«.

Schneiden Sie die Banderole mit einem kleinen Rand aus.

Kleben Sie den Vogel und die „Weihnachtswünsche" auf eine Karte.

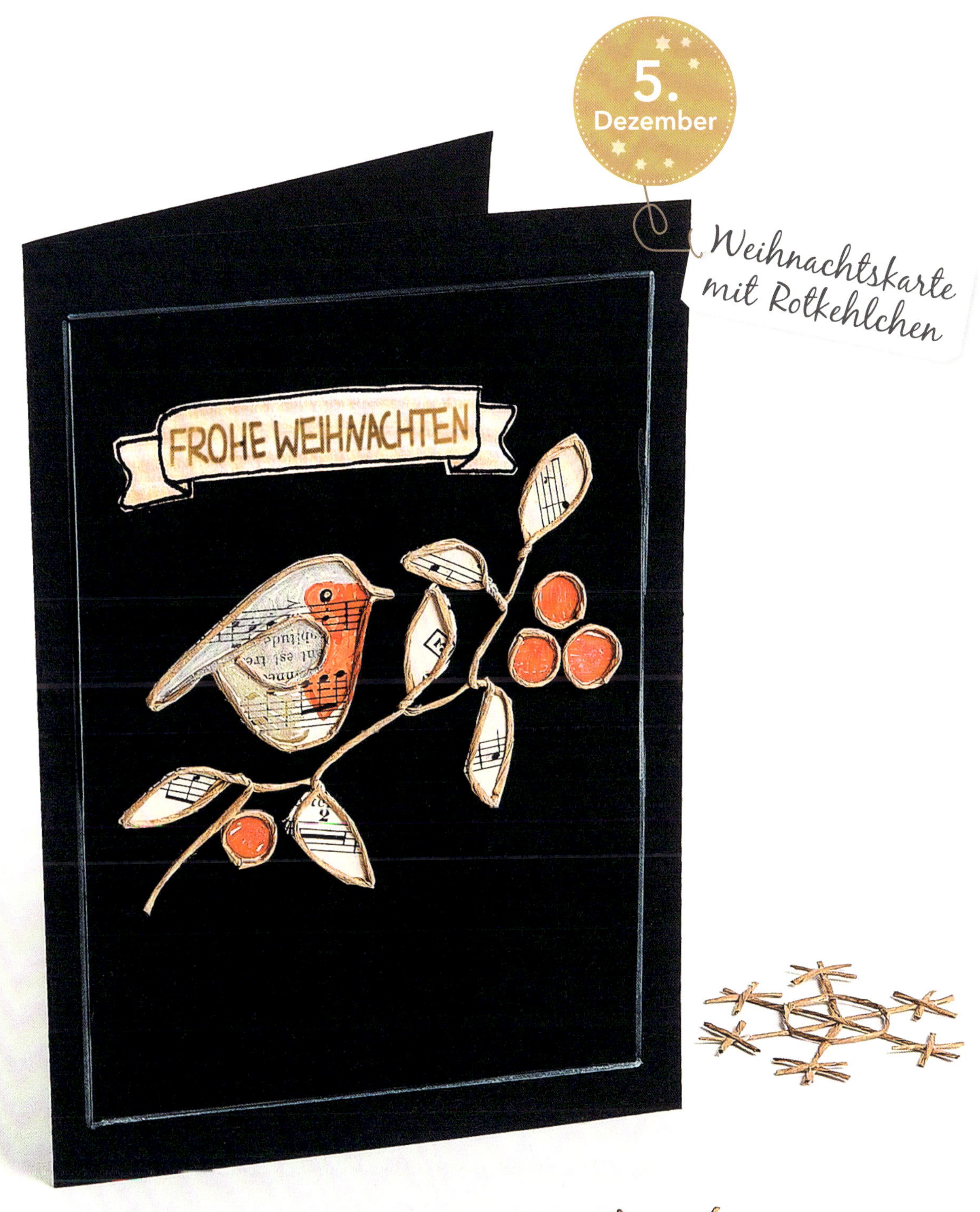

5. Dezember

Weihnachtskarte mit Rotkehlchen

Camping an Weihnachten

SCHWIERIGKEIT ☆☆

Zusätzliches Material für dieses Modell

Dünne Schnur
Motivstanzer »kleine Sterne«
Locher
Goldener Filzstift
Schwarzer Filzstift zum Ausmalen
Verschiedene Papierreste oder Filzstifte in unterschiedlichen Farben

ANLEITUNG

Vorbereitung

Malen Sie die Papierreste für die Räder schwarz an, für die Fenster gelb, für den Stern golden und für die kleinen Sterne in allen Farben.

Der Wohnwagen

Formen Sie den Wohnwagen. Kleben Sie ihn auf ein Papier Ihrer Wahl.

Schneiden Sie die Tür und das Fenster aus buntem Papier aus und kleben Sie beides auf den Wohnwagen.

Schneiden Sie zwei Fensterscheiben aus weißem Papier aus.

Mit dem schwarzen Filzstift umranden. Malen Sie das Innere der Fenster gelb an.

Kleben Sie die Scheiben auf das Fenster und die Tür.

Formen Sie das Rad des Wohnwagens. Wickeln Sie den Draht für die Rundung um einen Klebestift und kleben Sie die Enden zusammen.

Die Klebestelle mit einer Papierklammer fixieren und gut trocknen lassen. Kleben Sie das Rad an den Wohnwagen.

Das Auto

Formen Sie das Auto und die beiden Räder. Wickeln Sie den Draht um einen dicken Stift, damit die Räder schön rund sind.

Kleben Sie das Auto auf ein Papier Ihrer Wahl und die Räder auf schwarz bemaltes Papier. Gut trocknen lassen und ausschneiden.

Schneiden Sie die Fenster aus einer weißen Buchseite aus.

Mit schwarzem Filzstift umranden und auf das Auto kleben.

Stanzen Sie zwei Konfetti aus demselben Papier aus. Kleben Sie sie in die Mitte der Räder.

Die Tanne

Formen Sie die Tanne, kleben Sie sie auf buntes Papier.

Gut trocknen lassen und ausschneiden.

Stanzen Sie bunte Sterne aus und kleben Sie einen Teil davon auf die Tanne. Die anderen Sternchen beiseitestellen.

Der Stern

Formen Sie den Stern. Kleben Sie ihn auf goldenes Papier.

Gut trocknen lassen und ausschneiden.

Der Vogel

Formen Sie den Vogel, kleben Sie ihn auf einen Papierrest.

Gut trocknen lassen und ausschneiden. Zeichnen Sie das Auge mit dem schwarzen Filzstift.

Kleben Sie einen Papierdraht hinter den Vogel.

Gut trocknen lassen.

Befestigen Sie den Vogel, indem Sie den Draht hinter das Auto kleben.

Die Wäsche und die Sternengirlande

Schneiden Sie die Wäsche aus Papierresten aus.

Schneiden Sie zwei Drähte von ca. 7 cm Länge ab.

Befestigen Sie die Enden mit Klebestreifen auf der Arbeitsfläche, sodass jeweils eine gerade Linie entsteht.

Verteilen Sie Leim auf beiden Drähten.

Kleben Sie die Sterne auf den einen, die Wäsche auf den anderen Draht. Kleben Sie die Drahtenden auf die Rückseite der Tanne und des Wohnwagens.

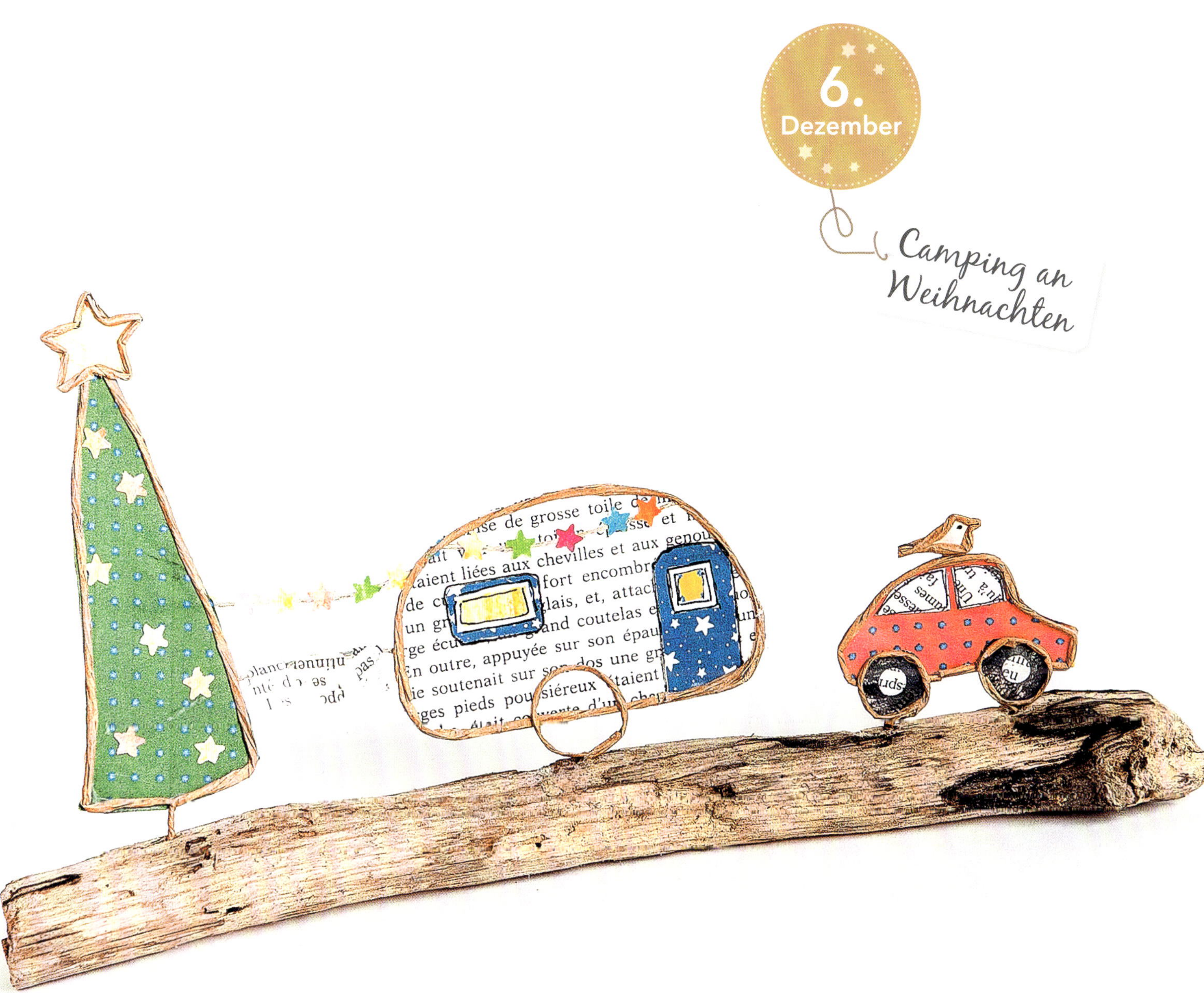

MONTAGE

Befestigen Sie die Skulpturen auf dem Holzsockel.

Rote Kerze und Strumpf

SCHWIERIGKEIT ☆

Zusätzliches Material für diese Modelle
Gelber Filzstift

ANLEITUNG

Die Aufhänger

Formen Sie die Aufhänger. Falls nötig, können die Aufhänger verlängert werden.

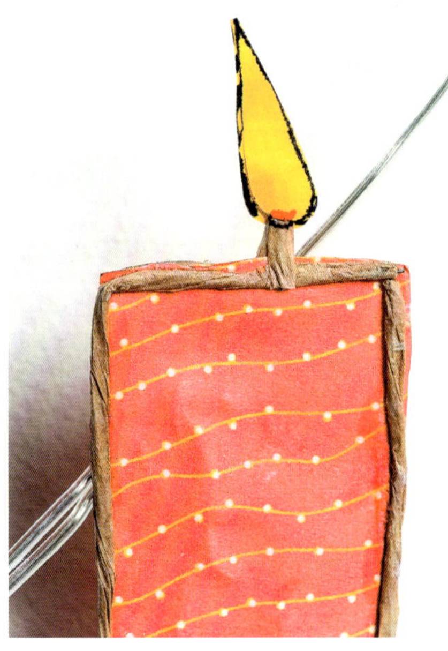

Die Kerze

Formen Sie die Kerze. Die Ecken sauber knicken.

Kleben Sie die Kerze auf ein Papier Ihrer Wahl. Gut trocknen lassen und ausschneiden.

Malen Sie für die Flamme einen Papierrest gelb an und schneiden Sie die Flamme aus.

Mit dem schwarzen Filzstift dünn umranden.

Kleben Sie, wie auf der Schablone vorgegeben, ein ca. 2 cm langes Stück Draht hinter die Kerze und hinter die Flamme.

Gut trocknen lassen.

Schneiden Sie einen 8 cm langen Draht ab und biegen Sie ihn in der Mitte.

Kleben Sie die untere Hälfte auf die Rückseite der Kerze.

Gut trocknen lassen. Wenn der Leim durchgetrocknet ist, verdrehen Sie den oberen Teil und bilden so eine Schlaufe. Schieben Sie den Aufhänger durch die Schlaufe, um die Kerze an den Baum zu hängen.

Der Strumpf

Formen Sie den Strumpf. Kleben Sie ihn auf ein Papier Ihrer Wahl.

Gut trocknen lassen und ausschneiden.

Schneiden oder besser reißen Sie aus einer weißen Buchseite den Pelz für den oberen Rand des Strumpfs aus.

Kleben Sie den Pelz fest.

Schieben Sie den Aufhänger durch die Schlaufe.

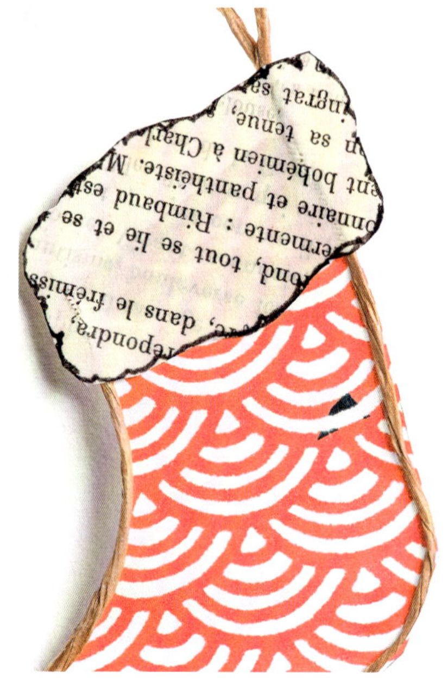

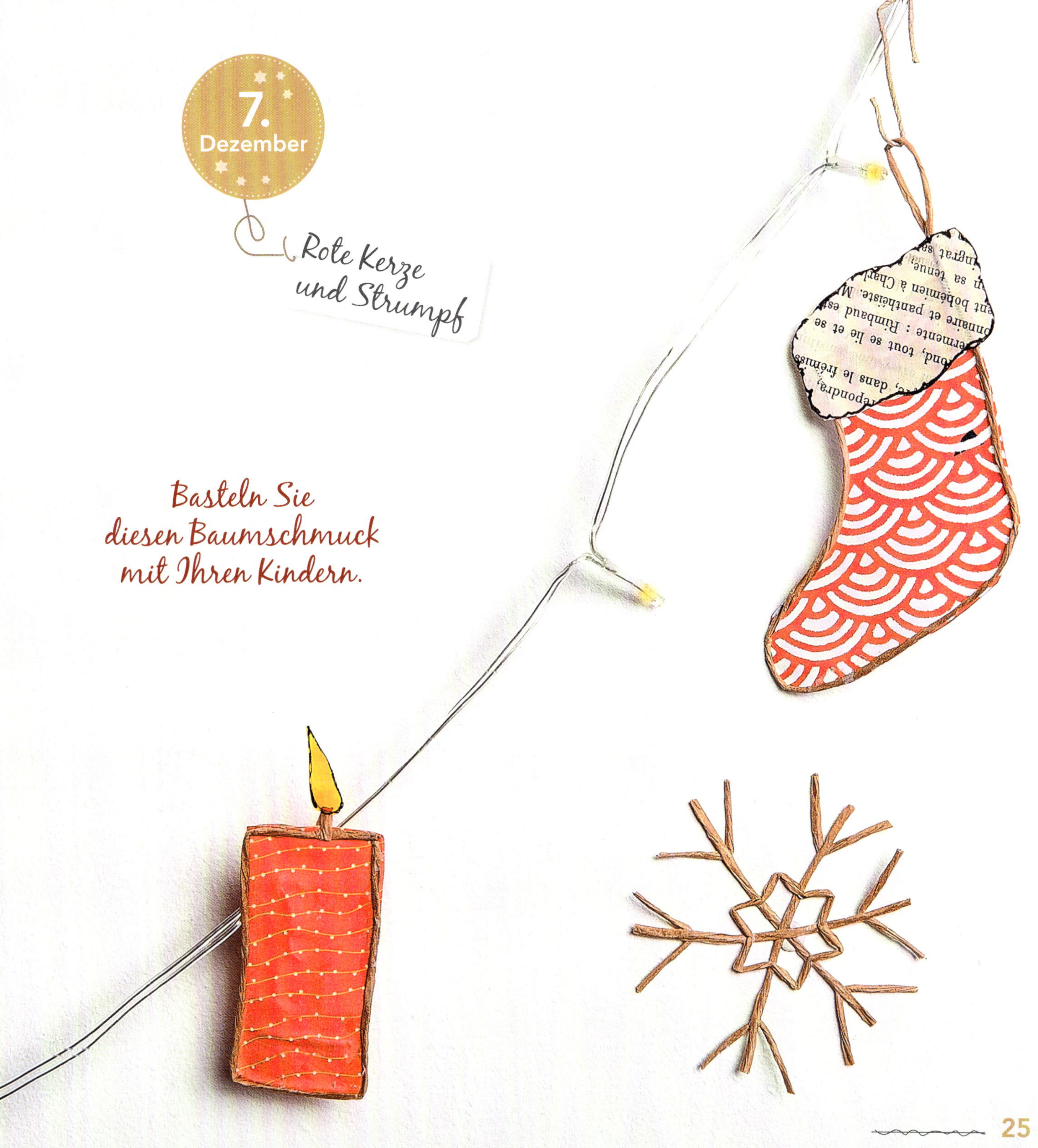

7. Dezember

Rote Kerze und Strumpf

Basteln Sie diesen Baumschmuck mit Ihren Kindern.

Weihnachten der Tiere

SCHWIERIGKEIT ☆☆

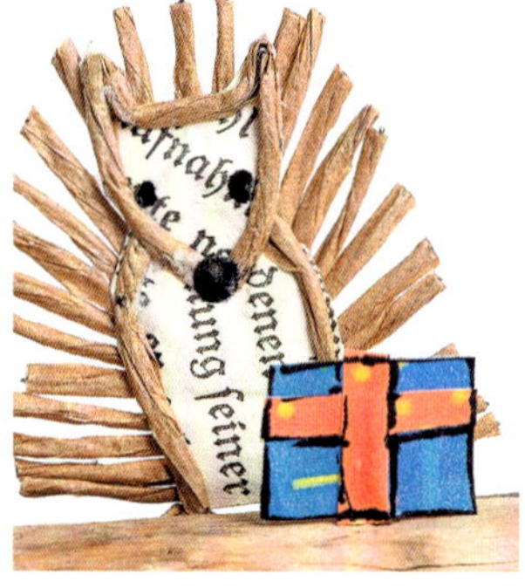

Zusätzliches Material für dieses Modell
Motivstanzer »großer Stern« (nach Belieben)
Motivstanzer, klein und rund
Locher
Goldenes Papier oder goldfarbener Filzstift
Schwarzes Papier oder schwarzer Filzstift
Bunte Filzstifte (nach Belieben)

ANLEITUNG

Vorbereitung

Bei Bedarf zwei Papierreste anmalen, den einen schwarz, den anderen golden.

Die Tanne

Formen Sie die Tanne und kleben Sie sie auf ein Papier Ihrer Wahl.

Gut trocknen lassen und ausschneiden.

Stanzen Sie den Stern für die Tannenspitze aus oder schneiden Sie ihn mit der Hand aus.

Nach Belieben können Sie bunte Kugeln auf die Tanne malen.

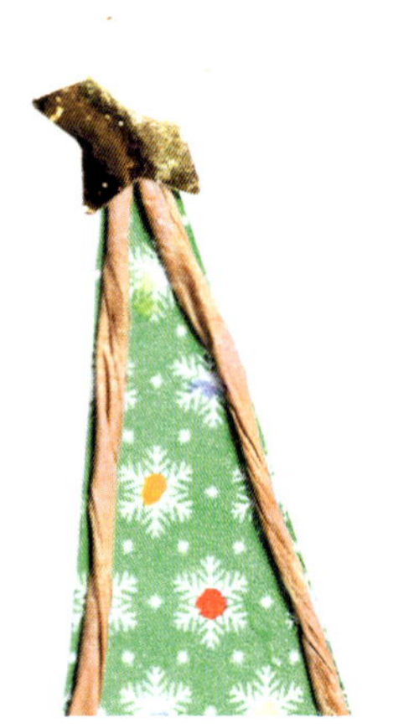

Die Tiere

Formen Sie die Körper und die Köpfe der Tiere, das Gesicht des Fuchses sowie den Flügel und die »Maske« der Eule.

Alle Teile auf bedruckte Buchseiten kleben, nur die Maske der Eule auf eine einfarbige.

Kleben Sie den Draht als Gesichtszeichnung auf die Stirn des Fuchses, die Köpfe, die Maske und den Flügel auf die jeweiligen Körper.

Der Igel

Stanzen Sie mit dem Locher ein schwarzes Konfetti aus und kleben Sie es dem Igel als Nase unten an den Kopf.

Zeichnen Sie die Augen mit einem schwarzen Filzstift.

Schneiden Sie etwa 2 cm lange Drähte ab und kleben Sie sie auf die Rückseite rund um den Igel. Lassen Sie die Drähte überstehen.

Gut trocknen lassen. Mit der Zange die Stacheln gleichmäßig abknipsen.

Die Eule

Kleben Sie die beiden Krallen von hinten an den Körper.

Malen Sie die Augen mit einem schwarzen Filzstift.

Der Fuchs

Stanzen Sie mit dem Locher ein schwarzes Konfetti aus und kleben Sie es als Nase unten an den Kopf.

Malen Sie die Augen mit einem schwarzen Filzstift.

Die Geschenke

Schneiden Sie aus bunten Papierresten drei unterschiedlich große Geschenke mit Schleife aus.

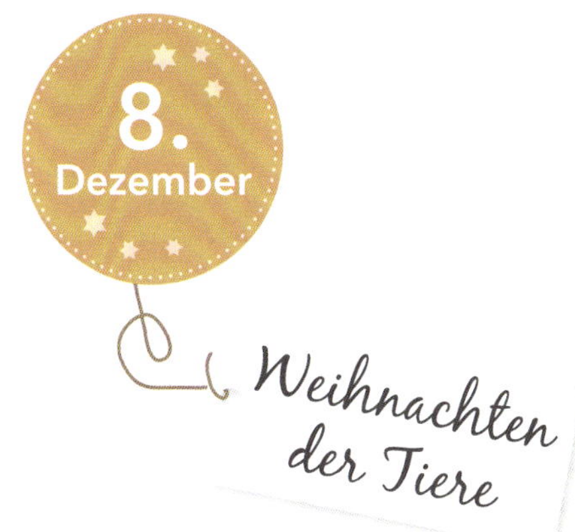

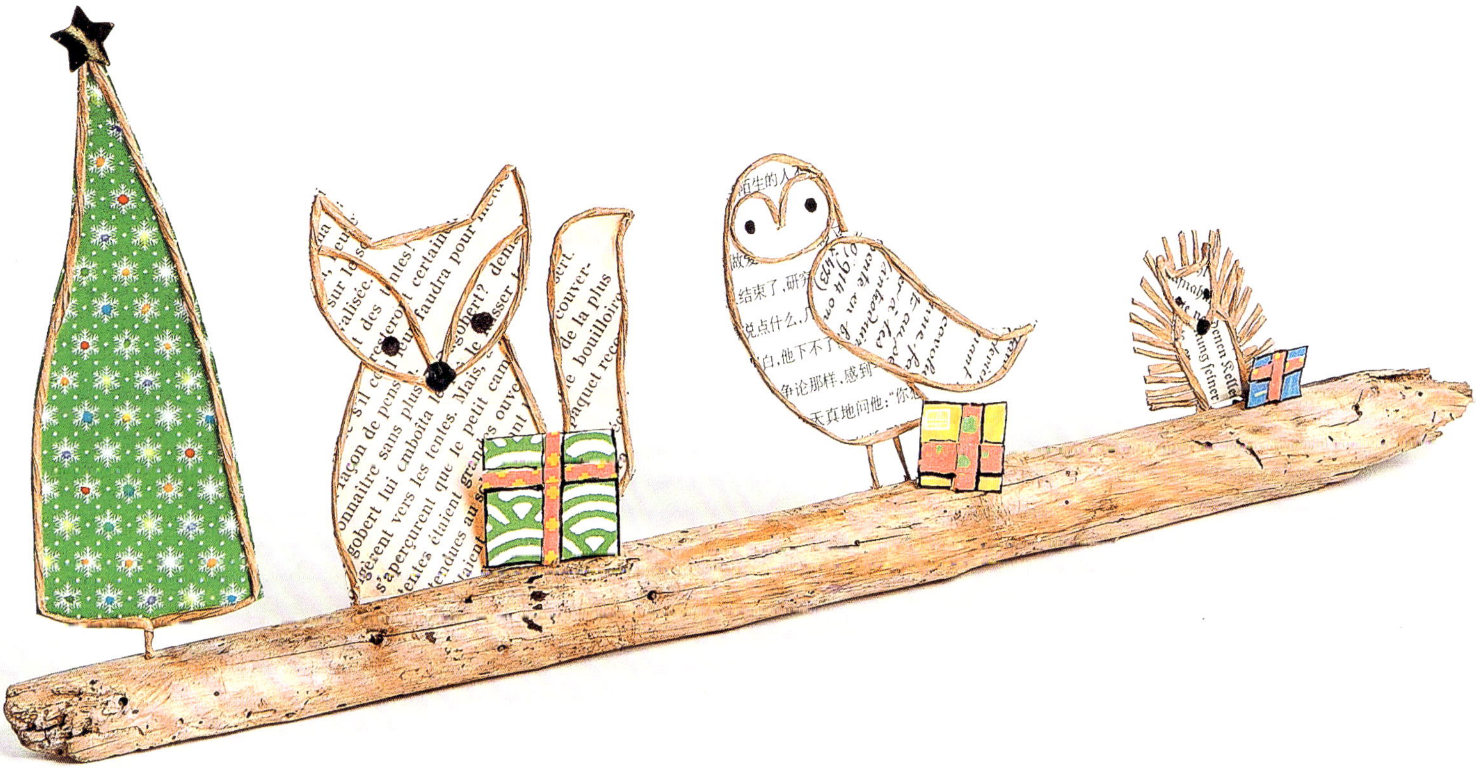

MONTAGE

Befestigen Sie die Skulpturen auf dem Holzsockel.

Den Weihnachtsbaum schmücken

SCHWIERIGKEIT ☆☆

Zusätzliches Material für dieses Modell

Schwarzer, roter und silberner Filzstift
Locher
Bunte Filzstifte (nach Belieben)
Dünne Schnur

ANLEITUNG

Der Schneemann

Formen Sie den Körper und den Kopf des Schneemanns und kleben Sie die Teile auf eine weiße Buchseite.

Gut trocknen lassen und ausschneiden.

Formen Sie die Arme.

Befestigen Sie den Kopf, indem Sie beide Stiele hinter den Körper kleben.

Kleben Sie die Arme hinter dem Körper fest.

Schneiden Sie die Mütze aus einem Papier Ihrer Wahl und den Pompon aus weißem Papier aus.

Schneiden Sie den Schal aus einem Papier Ihrer Wahl aus.

Kleben Sie den Pompon auf die Mütze, die Mütze auf den Kopf und den Schal um den Hals des Schneemanns.

Malen Sie mit dem Filzstift die Augen, die Nase, den Mund und die Knöpfe des Schneemanns.

Die Maus

Formen Sie die Maus und kleben Sie sie auf Papier.

Gut trocknen lassen und ausschneiden.

Schneiden Sie das Ohr aus weißem Papier aus und umranden sie es mit dem schwarzen Filzstift.

Malen Sie das Auge mit dem schwarzen Filzstift.

Formen Sie die Pfoten, kleben Sie die Pfoten hinter den Körper und einen Stiel an die Rückseite der Maus.

Das Rotkehlchen

Formen Sie den Vogel mit geschlossenem Schnabel. Legen Sie hierfür den Draht an der Schnabelspitze doppelt.

Sollte der Schnabel zu groß ausfallen, können Sie ihn anschließend auf die gewünschte Länge kürzen.

Kleben Sie den Vogel auf ein Papier. Gut trocknen lassen und ausschneiden.

Den Kopf schwarz und die Kehle rot ausmalen, wie auf dem Foto vorgegeben. Zeichnen Sie den Flügel und das Auge mit dem schwarzen Filzstift ein.

Die Tanne

Formen Sie die Tanne. Kleben Sie sie auf ein Papier Ihrer Wahl.

Gut trocknen lassen und ausschneiden.

Der Stern

Formen Sie den Stern mit dem Stiel. Kleben Sie ihn auf ein Papier Ihrer Wahl.

Gut trocknen lassen und ausschneiden.

Die Girlande

Schneiden Sie etwa 12 cm Schnur ab.

Stanzen Sie etwa 20 bunte Konfetti aus bedrucktem oder bemaltem Papier aus.

Legen Sie die Schnur gespannt auf die Arbeitsfläche und befestigen Sie sie an beiden Enden mit Klebestreifen.

Geben Sie Leim auf die Schnur und setzen Sie das bunte Konfetti locker nebeneinander.

Nach dem vollständigen Trocknen die Klebestreifen entfernen.

AUSARBEITUNG

Die Schnabelspitze des Rotkehlchens abschneiden und vorsichtig öffnen.

Kleben Sie den Vogel auf den Baum.

Das eine Ende der Girlande in den Schnabel des Vogels kleben, der dann geschlossen werden kann, und das andere Ende in die Pfote der Maus kleben.

Kleben Sie den Stern in die Hand des Schneemanns.

9.
Dezember

Den Weihnachtsbaum schmücken

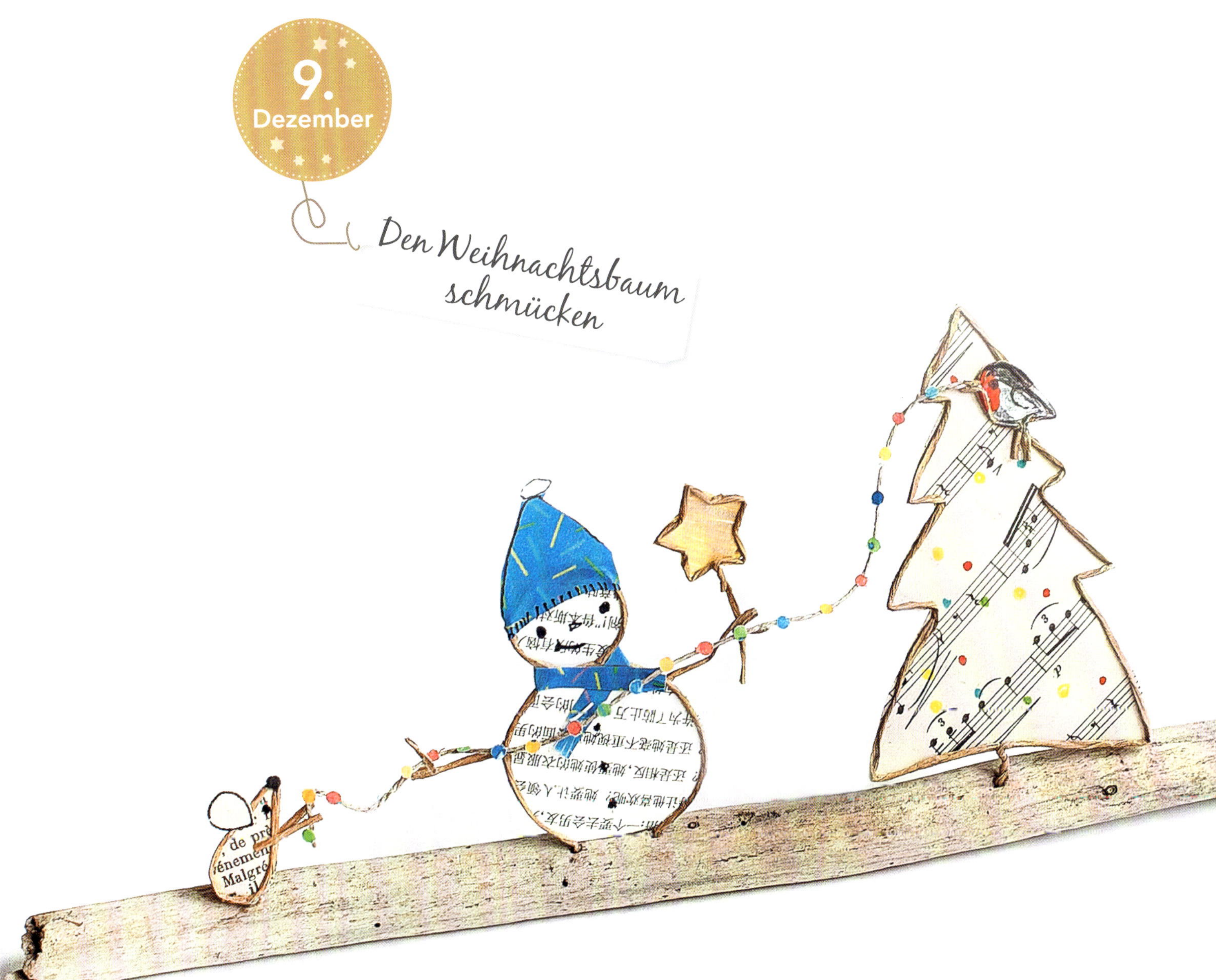

MONTAGE

Befestigen Sie die Skulpturen auf dem Holzsockel.

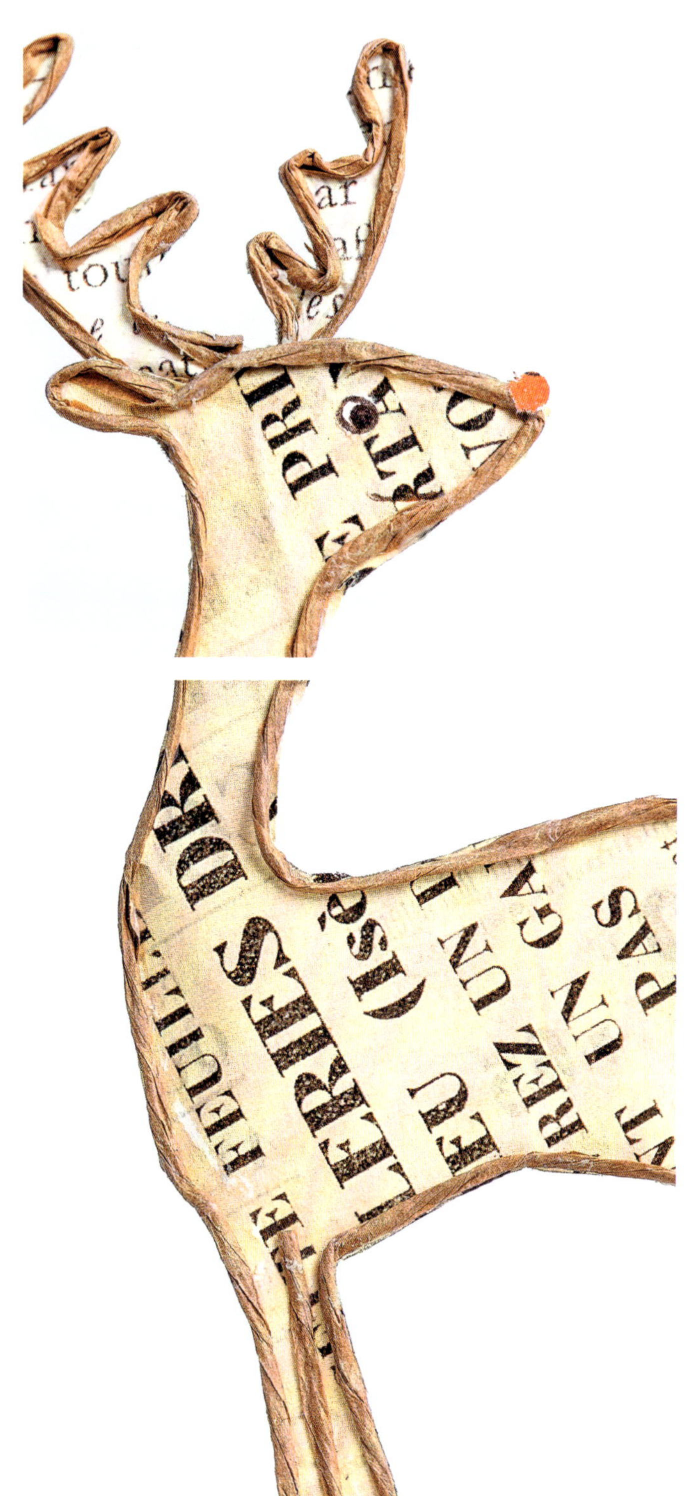

Rudolph

SCHWIERIGKEIT ☆☆

Zusätzliches Material für dieses Modell
Locher

ANLEITUNG

Das Rentier

Formen Sie den Körper nach der Schablone. Die Vorderläufe und die beiden Hinterläufe werden in einem Stück geformt.

Der mittige Draht wird später angebracht.

Kleben Sie den Körper auf ein Papier Ihrer Wahl.

Gut trocknen lassen und ausschneiden.

Zeichnen Sie das Auge mit dem schwarzen Filzstift ein.

Stanzen Sie ein Konfetti aus rotem Papier aus und kleben Sie es an die Spitze der Schnauze.

Formen Sie zunächst die eine Seite des Geweihs und dann die andere Seite gespiegelt.

Kleben Sie beide Teile auf ein identisches Papier.

Gut trocknen lassen und ausschneiden.

Kleben Sie das Geweih hinter den Kopf des Rentiers.

Schneiden Sie zwei 5 cm lange Drähte ab. Kleben Sie sie zwischen die Vorder- und Hinterläufe, um ihre Trennung zu markieren, und lassen Sie den Draht für die Montage auf den Holzsockel überstehen.

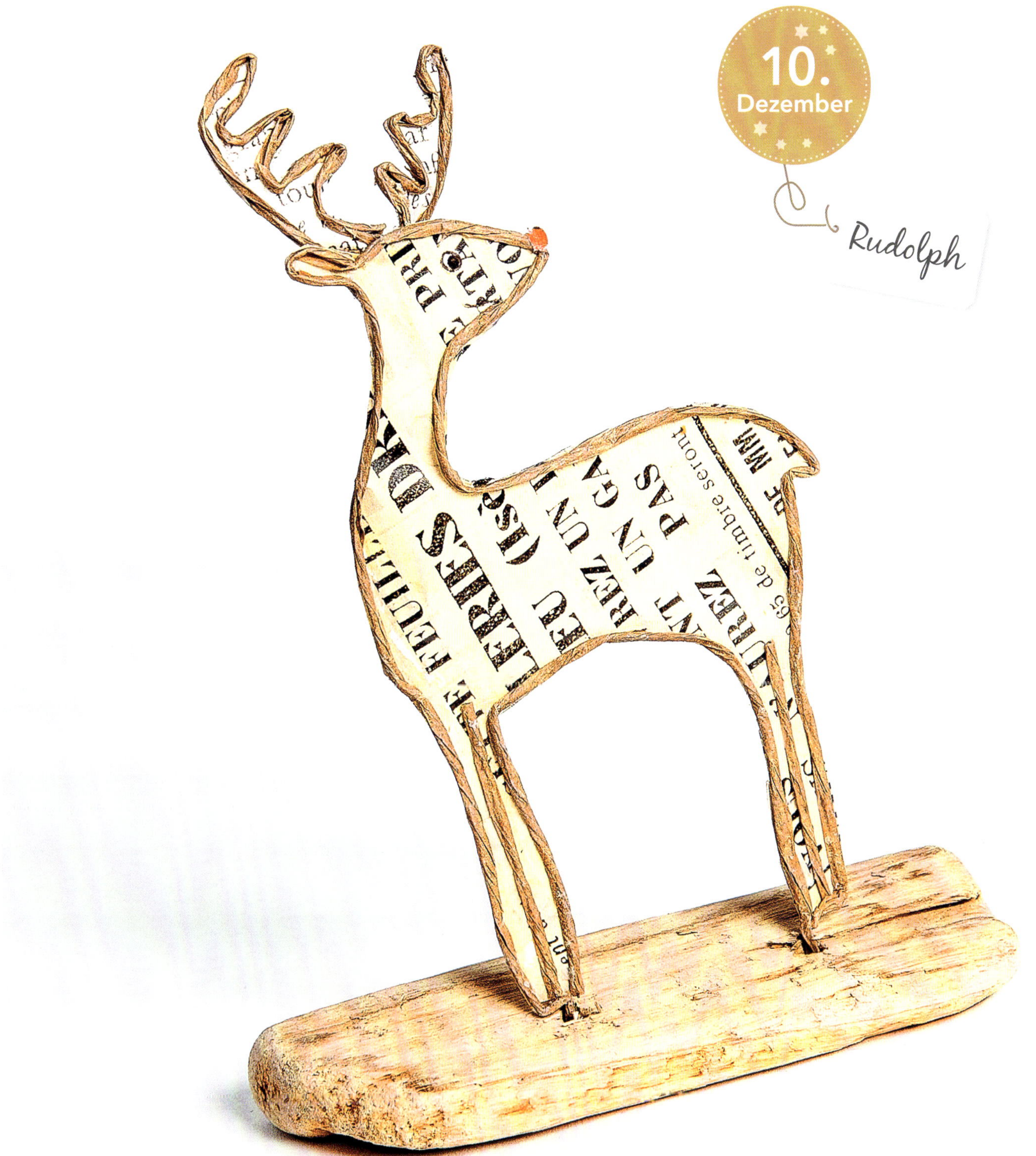
10.
Dezember
Rudolph

Sternstunde

SCHWIERIGKEIT ☆☆☆

Zusätzliches Material für dieses Modell
Bastelspan, 1,8 cm breit und 1 m lang
Papierklammer
Locher

ANLEITUNG

Der Ring

Halbieren Sie den Bastelspan. Formen Sie einen Ring und kleben Sie die Enden zusammen.

Fixieren Sie die Klebestelle mit einer Papierklammer.

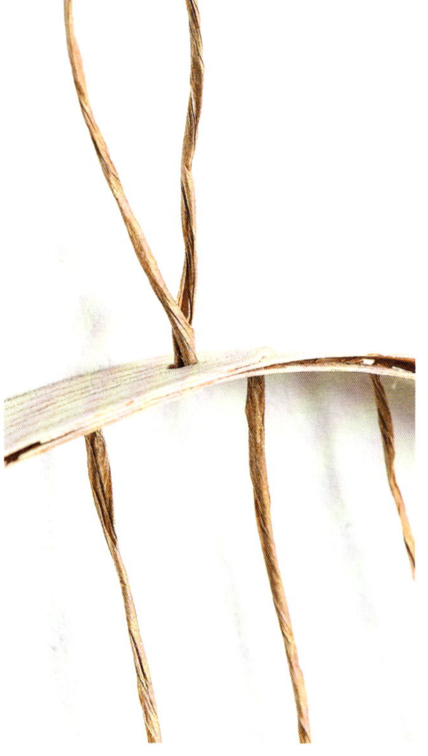

Die Sterne

Formen Sie fünf Sterne nach den Schablonen.

Lassen Sie für jeden Stern etwa 10 cm Draht überstehen, der bei der Ausarbeitung auf die richtige Länge zugeschnitten werden kann.

Kleben Sie die Sterne auf ein Papier Ihrer Wahl.

Gut trocknen lassen und ausschneiden.

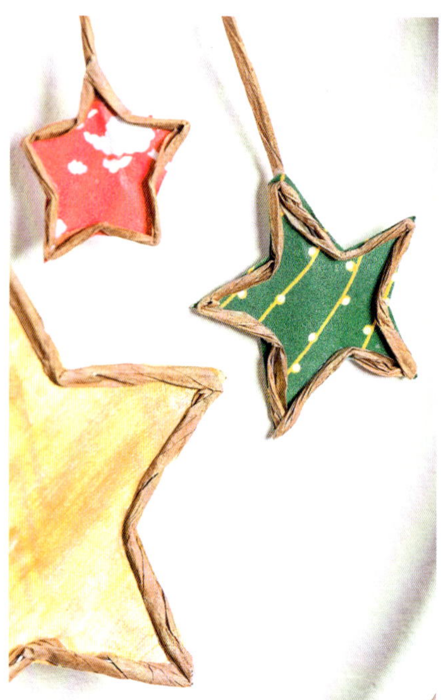

MONTAGE

Stanzen Sie in den oberen Teil des Spanrings 5 Löcher.

Stecken Sie die Stiele der Sterne in die Löcher.

Passen Sie die Größe an und schneiden Sie sie 1 cm vom Rand ab.

Biegen Sie die Stiele oben um und kleben Sie sie auf den Ring.

Legen Sie den zweiten Spanstreifen um den ersten Ring.

Setzen Sie einige Klebepunkte insbesondere an den Enden auf den ersten Ring. Mit einer Papierklammer fixieren.

Gut trocknen lassen.

Mit dem Locher oben am Ring ein Loch ausstanzen.

Den Aufhänger formen und in das Loch schieben.

Kleben Sie die Enden auf die Innenseite des Rings.

Gut trocknen lassen.

11. Dezember

Sternstunde

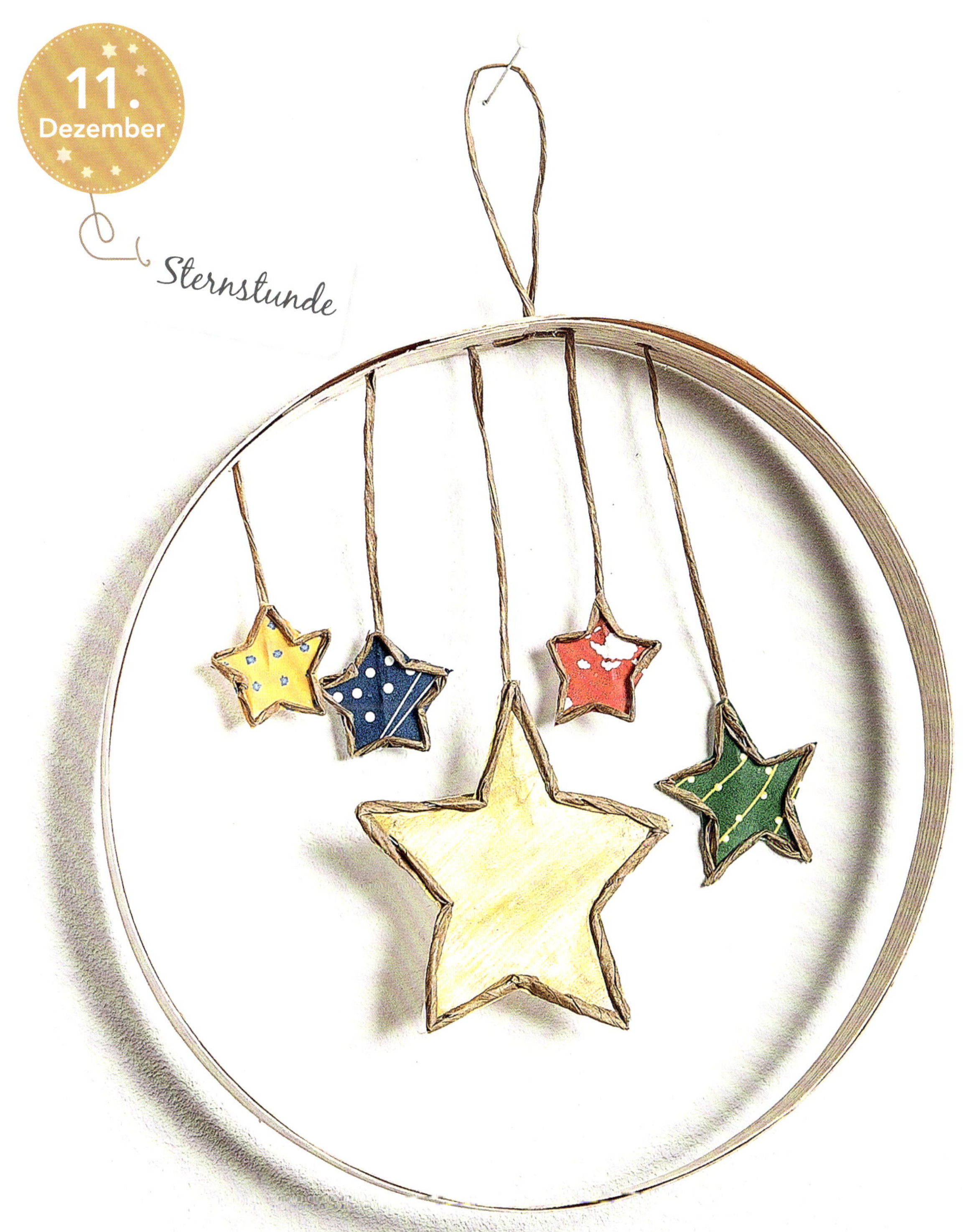

Der Schneemann

SCHWIERIGKEIT ☆

Zusätzliches Material für dieses Modell
Orangener Filzstift oder orangenes Papier

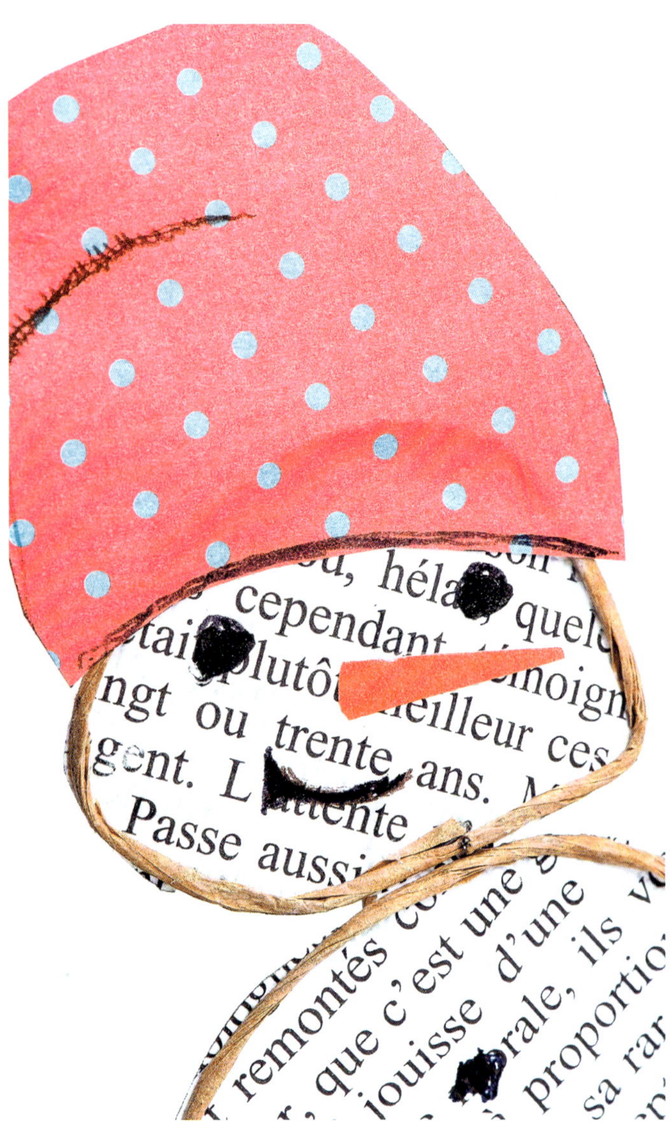

ANLEITUNG

Der Schneemann

Formen Sie den Körper und den Kopf. Kleben Sie beides auf ein Papier Ihrer Wahl.

Gut trocknen lassen und ausschneiden.

Fügen Sie beide Teile zusammen, indem Sie zwei kleine Drähte hinter den Körper und den Kopf kleben.

Schneiden Sie die Nase aus orangefarbenem Papier aus und kleben Sie sie dem Schneemann ins Gesicht.

Zeichnen Sie mit einem schwarzen Filzstift die Augen, den Mund und die Knöpfe.

Schneiden Sie den Hut aus einem Papier Ihrer Wahl aus.

Umranden Sie den Hut mit einem feinen, schwarzen Filzstift und zeichnen Sie die Falte ein.

Schneiden Sie einen Pompon aus weißem Papier aus und kleben Sie ihn an die Mütze.

Formen Sie die Arme. Kleben Sie sie hinter den Körper.

Der Stern

Formen Sie den Stern. Kleben Sie ihn auf ein Papier Ihrer Wahl.

Gut trocknen lassen und ausschneiden

MONTAGE

Setzen Sie den Schneemann auf den Holzsockel, geben Sie ihm den Stiel mit dem Stern in die Hand und befestigen Sie beides mit einem Tropfen Leim.

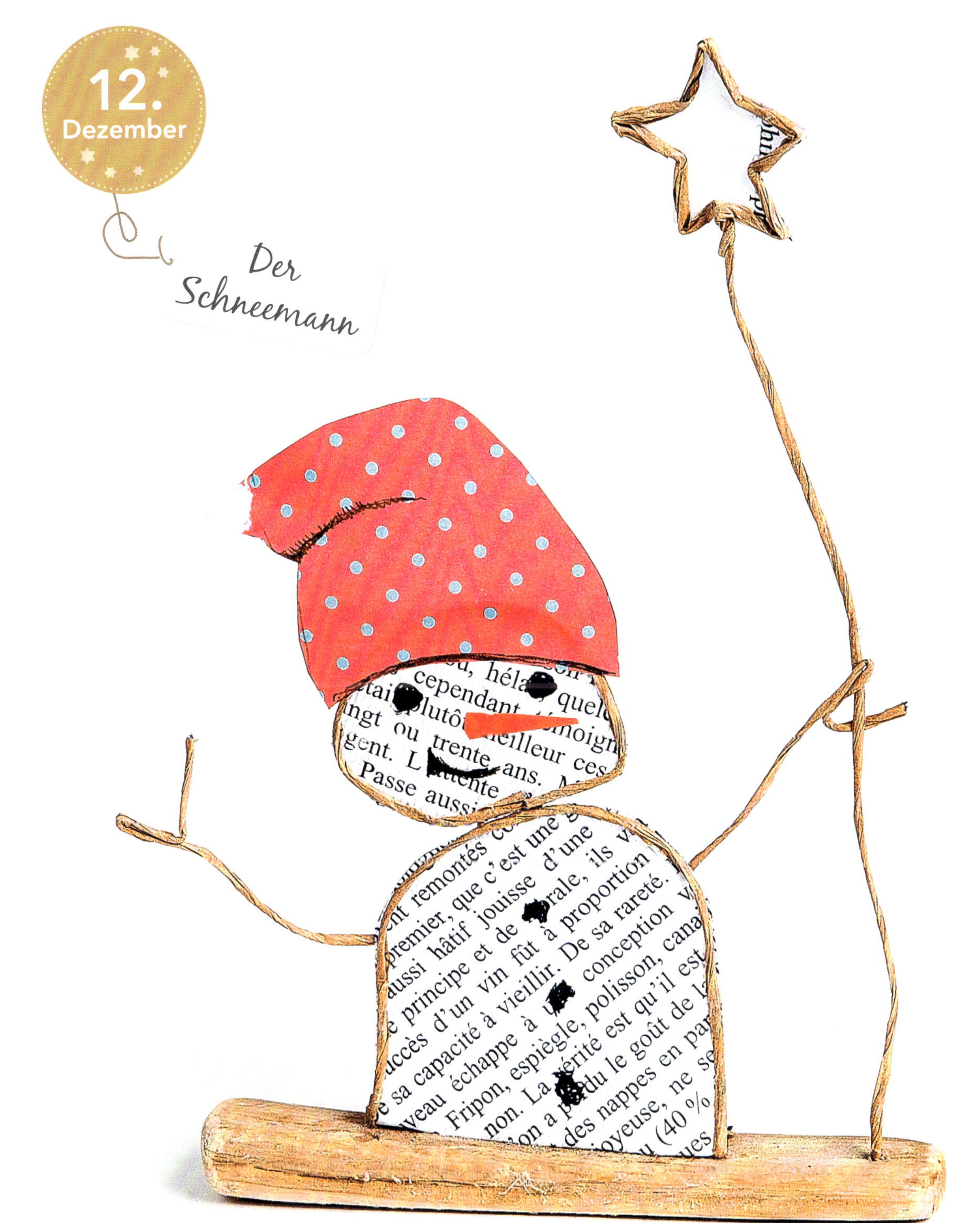
12.
Dezember
Der Schneemann

Tannenwald

SCHWIERIGKEIT ☆☆☆

Zusätzliches Material für dieses Modell
Eine Baumscheibe mit mindestens 8 cm Durchmesser

ANLEITUNG

Die Tannen

Formen Sie die Tannen. Kleben Sie sie auf ein Papier Ihrer Wahl. Gut trocknen lassen und ausschneiden.

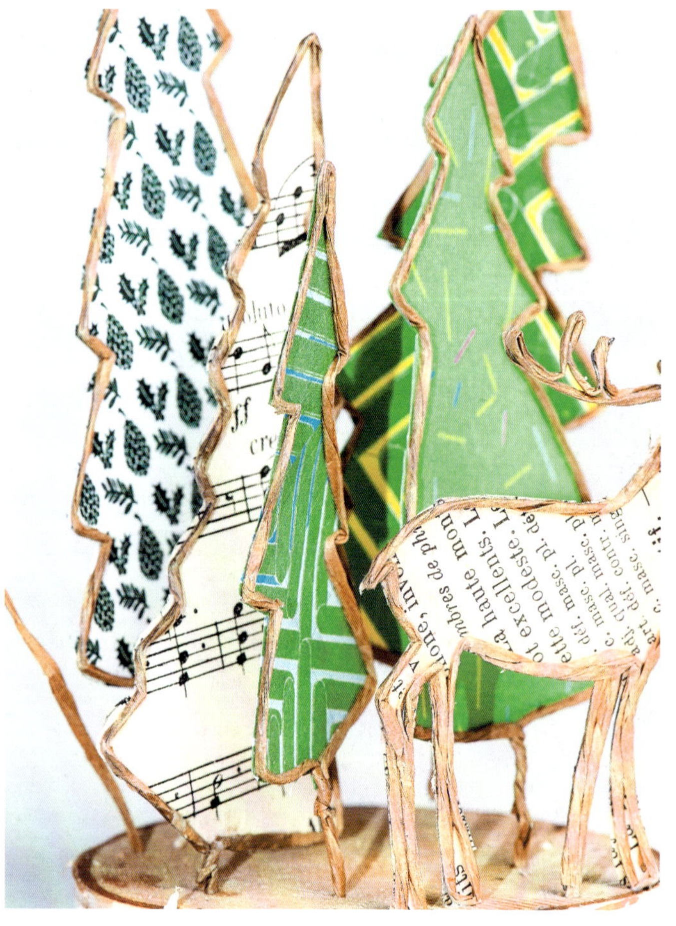

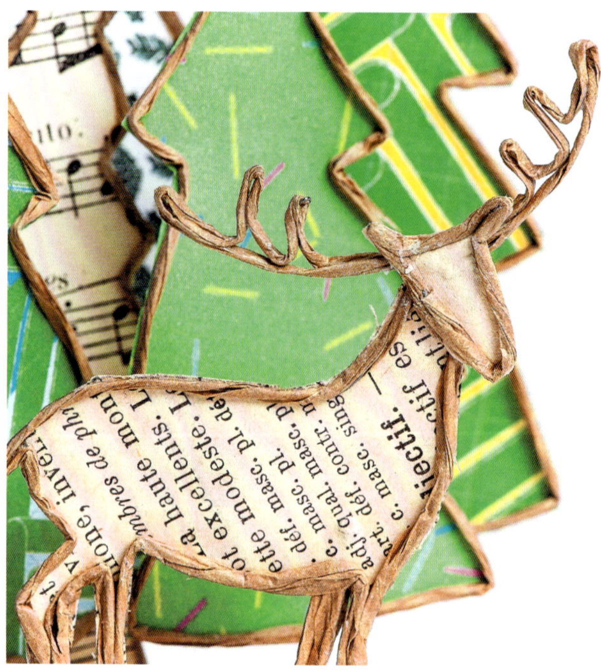

Das Rentier

Formen Sie den Körper und kleben Sie ihn auf ein Papier Ihrer Wahl.

Gut trocknen lassen und ausschneiden.

Formen Sie das Geweih und drücken Sie die Ecken mit einer Flachzange zusammen, wie auf der Schablone angegeben.

Kleben Sie das Geweih hinter den Kopf und diesen auf den Körper.

Der Stern

Formen Sie den Stern nach der Schablone auf Seite 71.

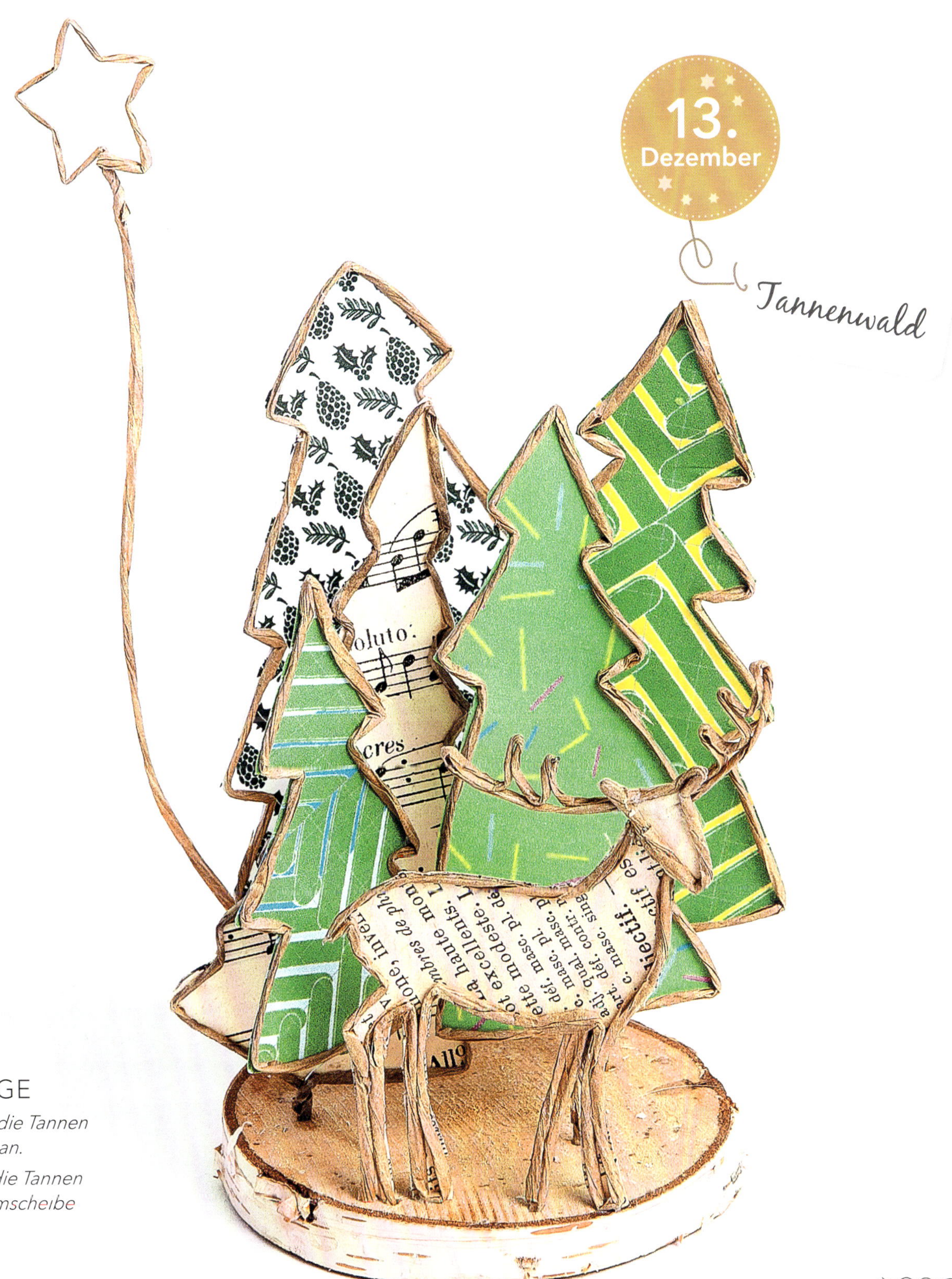

MONTAGE

Ordnen Sie die Tannen harmonisch an.

Biegen Sie die Tannen auf der Baumscheibe zurecht.

Pilz und Tasse

SCHWIERIGKEIT ☆

ANLEITUNG

Die Aufhänger

Formen Sie die Aufhänger. Falls nötig, können die Aufhänger verlängert werden.

Der Pilz

Formen Sie den Hut und den Fuß nach der Schablone.

Kleben Sie den Hut auf ein Papier Ihrer Wahl.

Gut trocknen lassen und ausschneiden.

Schneiden Sie die Manschette des Pilzes aus einer unbedruckten Buchseite aus und kleben Sie sie auf eine bedruckte Buchseite.

Kleben Sie den Fuß auf die Buchseite und den oberen Teil des Drahts an die Manschette.

Gut trocknen lassen und ausschneiden.

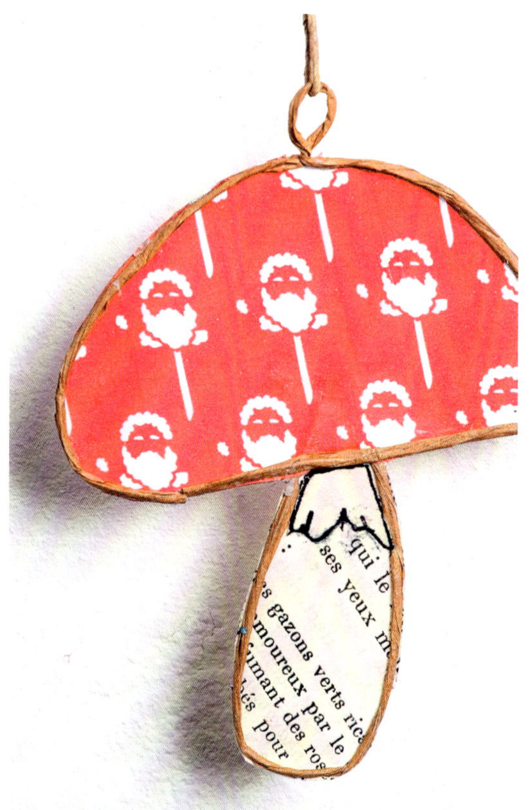

Die Tasse

Formen Sie die Tasse, den Fuß und den Henkel.

Kleben Sie die Tasse auf ein Papier Ihrer Wahl. Dieses Papier stellt das Getränk dar.

Zeichnen Sie die Oberfläche des Getränks mit dem schwarzen Filzstift ein, wie auf der Schablone angegeben. Ausschneiden.

Kleben Sie den Fuß von hinten an die Tasse.

Kleben Sie den oberen Teil des Henkels auf die Rückseite der Tasse, den unteren Teil an die Seite.

Gut trocknen lassen.

Formen Sie die Zimtstange in zwei Teilen: ein Teil für die linke Seite, ein Teil für die rechte mit dem eingerollten oberen Ende.

Kleben Sie die Zimtstange auf dunkles Papier.

Bei Bedarf mit einem braunen Filzstift anmalen.

Gut trocknen lassen und ausschneiden.

Kleben Sie die Zimtstange oben an die Tasse.

Fügen Sie einen Draht hinzu, der den oberen Rand der Tasse darstellt.

Kleben Sie ihn auf die Zimtstange, die Enden an den Tassenrand.

Gut trocknen lassen.

Schneiden Sie einen 8 cm langen Draht ab und knicken Sie ihn in der Mitte. Kleben Sie die untere Hälfte auf die Rückseite der Tasse.

Gut trocknen lassen. Drehen Sie nach dem Trocknen den oberen Teil zu einer Schlaufe. Schieben Sie den Aufhänger hinein, um die Tasse am Weihnachtsbaum aufzuhängen.

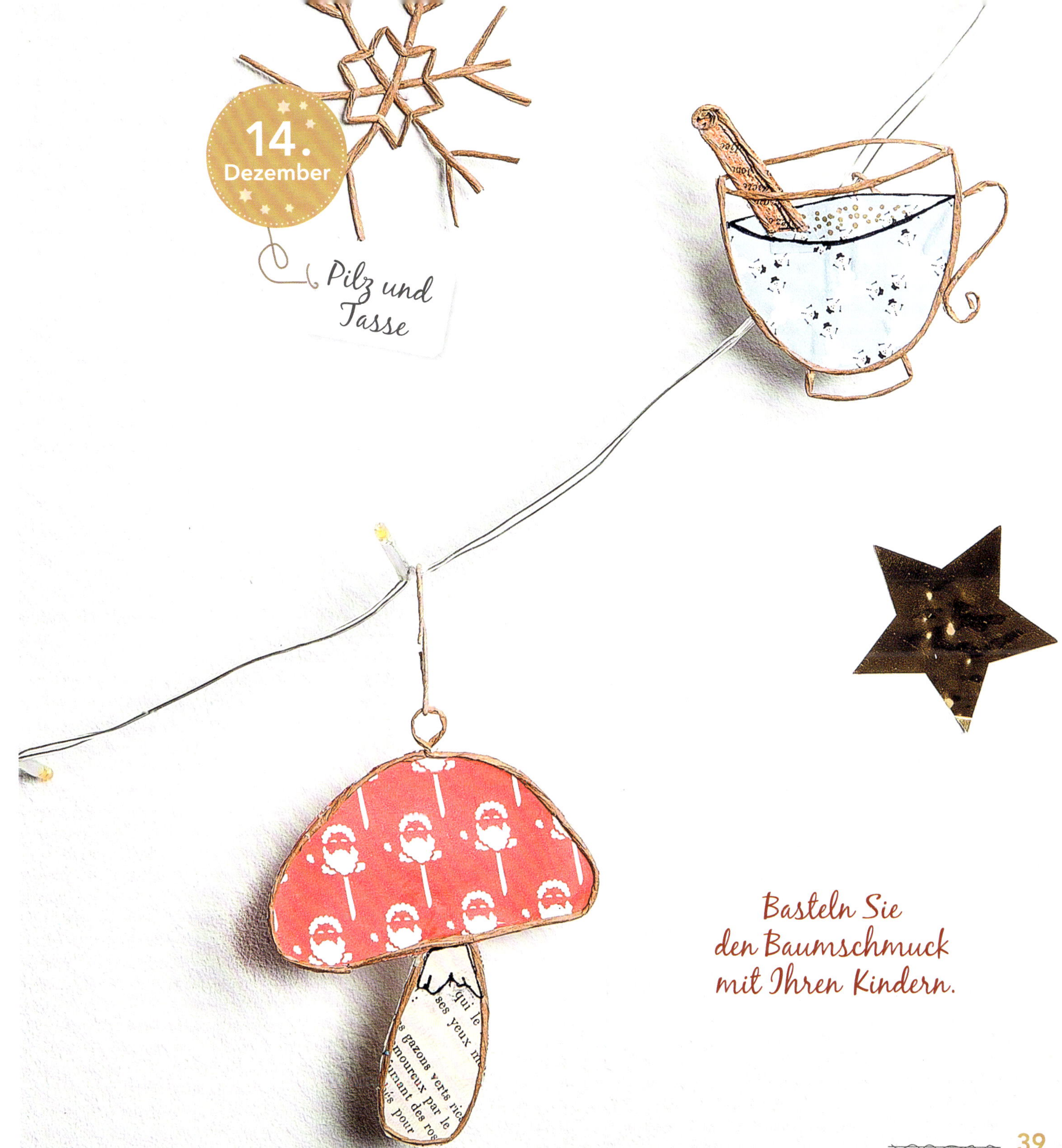

Basteln Sie
den Baumschmuck
mit Ihren Kindern.

Der kleine Weihnachtszug

SCHWIERIGKEIT ☆☆☆

Zusätzliches Material für dieses Modell
Goldener und dunkelgrauer Filzstift
Locher
Dünne Schnur (nach Belieben)

ANLEITUNG

Vorbereitung

Malen Sie Papierreste mit dem dunkelgrauen Filzstift an.

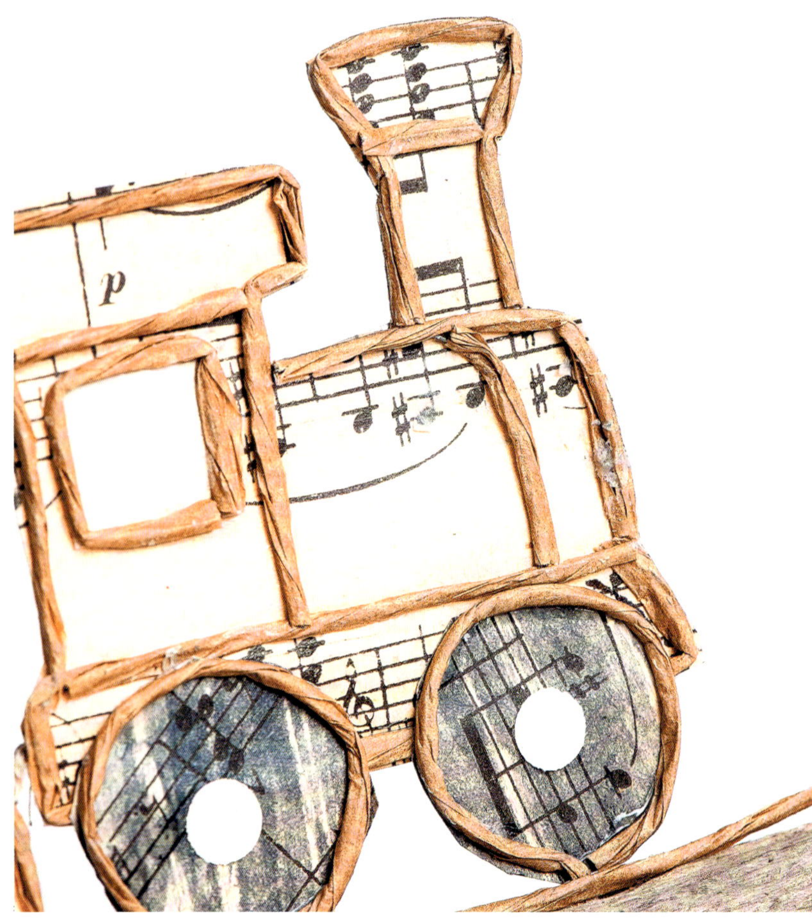

Die Waggons

Formen Sie die Waggons nach der Schablone.

Kleben Sie alle auf ein Papier Ihrer Wahl.

Gut trocknen lassen und ausschneiden.

Stanzen Sie zwei Räder pro Waggon aus grauem Papier aus.

Kleben Sie einen 2 cm langen Draht hinter die Waggons, wie auf der Schablone angegeben.

Kleben Sie den oberen Teil des Drahts hinter jeden Waggon. Wenn Sie den Draht abflachen, erhalten Sie eine größere Klebefläche.

Die Lokomotive

Formen Sie die Lokomotive nach der Schablone aus mehreren Drähten, mit Ausnahme der Räder und des Fensters.

Bei diesem Schritt ist keine besondere Reihenfolge zu beachten.

Kleben Sie alles auf ein Papier Ihrer Wahl.

Gut trocknen lassen und ausschneiden.

Formen Sie das Fenster. Kleben Sie es auf helles, einfarbiges Papier.

Trocknen lassen und ausschneiden, dann auf das Führerhaus kleben.

Formen Sie die Räder. Kleben Sie sie auf graues Papier. Trocknen lassen und ausschneiden.

Stanzen Sie 2 helle Konfetti aus und kleben Sie sie in die Mitte der Räder. Kleben Sie die Räder an die Lokomotive. ▶

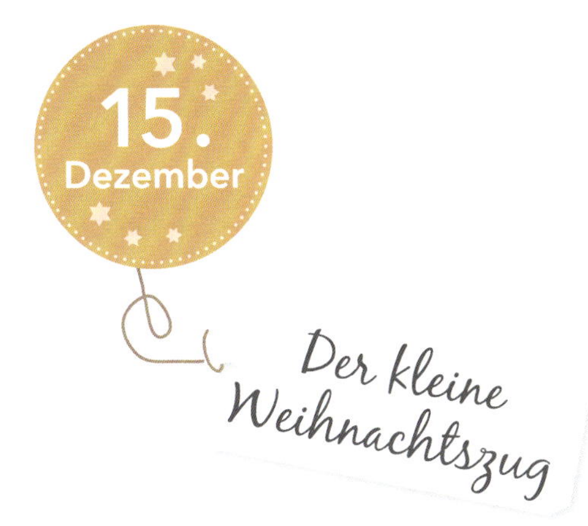

Der kleine Weihnachtszug

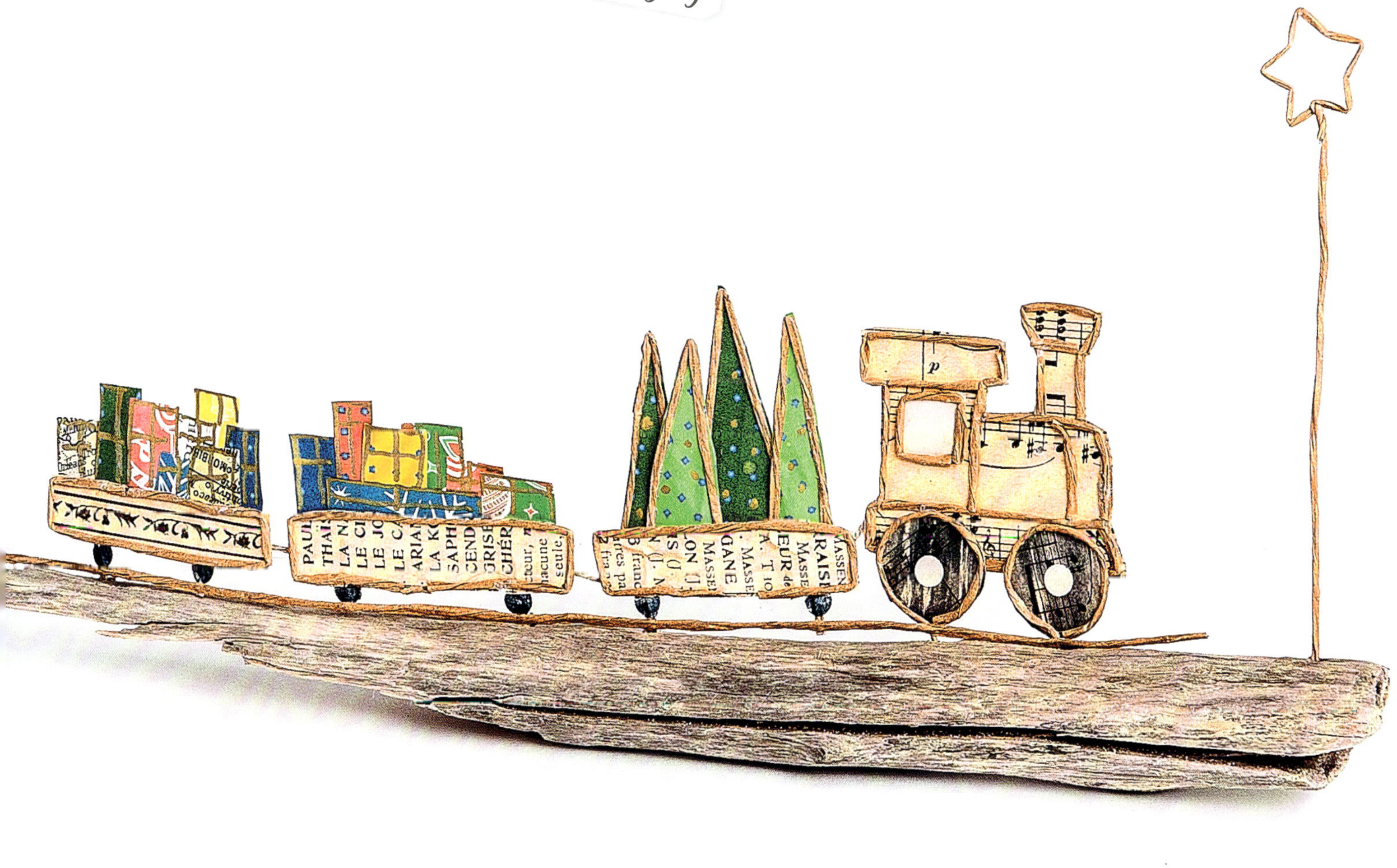

Der kleine Weihnachtszug

Die Geschenke

Schneiden Sie aus verschiedenem, buntem Papier unterschiedlich große Rechtecke aus.

Umranden Sie die Geschenke und zeichnen Sie mit dem goldenen Filzstift Schleifen auf.

Legen sie die Geschenke zurecht und kleben Sie sie hinter die beiden leeren Waggons.

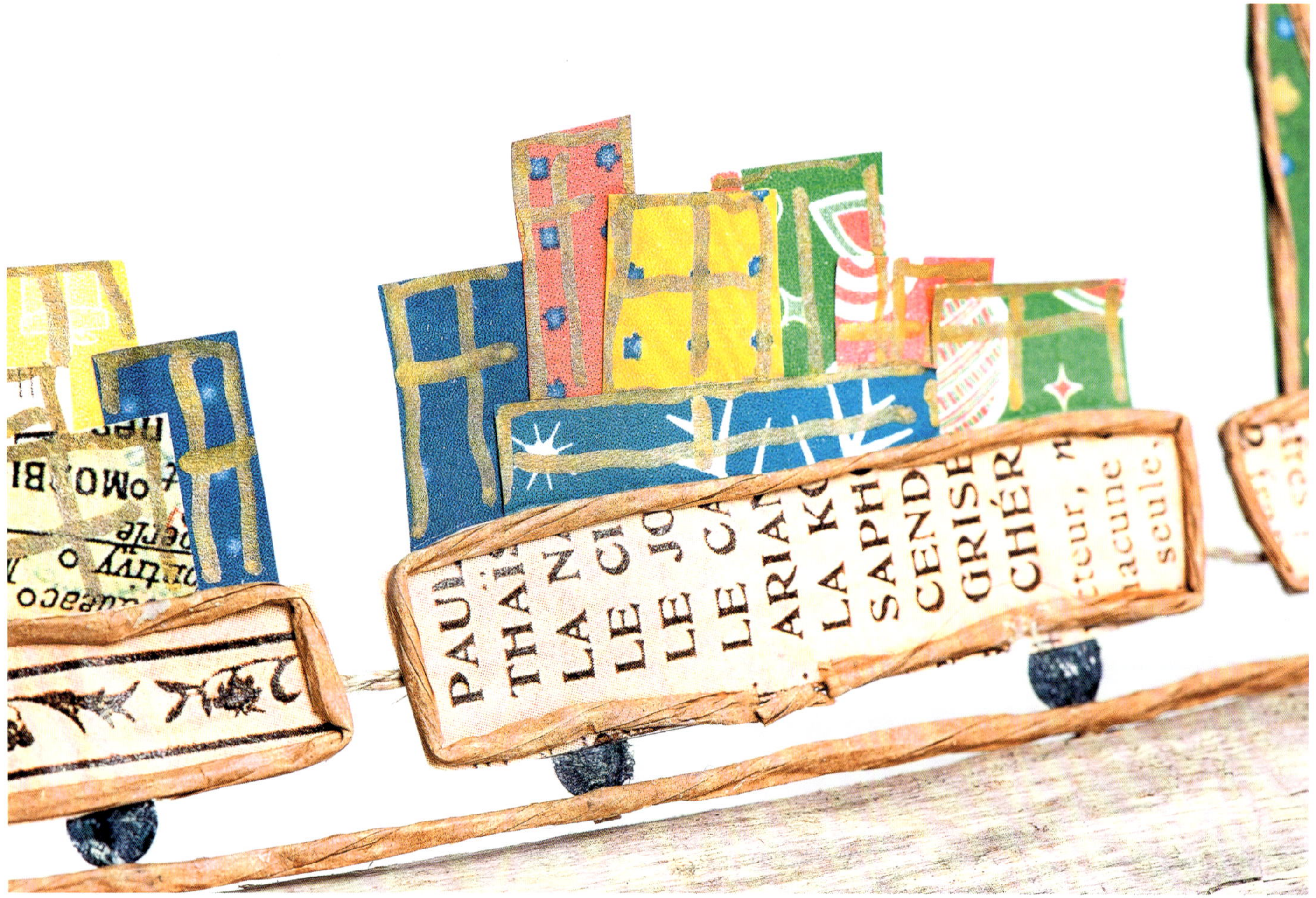

Die Tannen

Formen Sie vier Tannen in unterschiedlicher Größe. Kleben Sie die Tannen auf Papier in verschiedenen Grüntönen.

Trocknen lassen und ausschneiden.

Kleben Sie die Tannen auf die Rückseite eines Waggons.

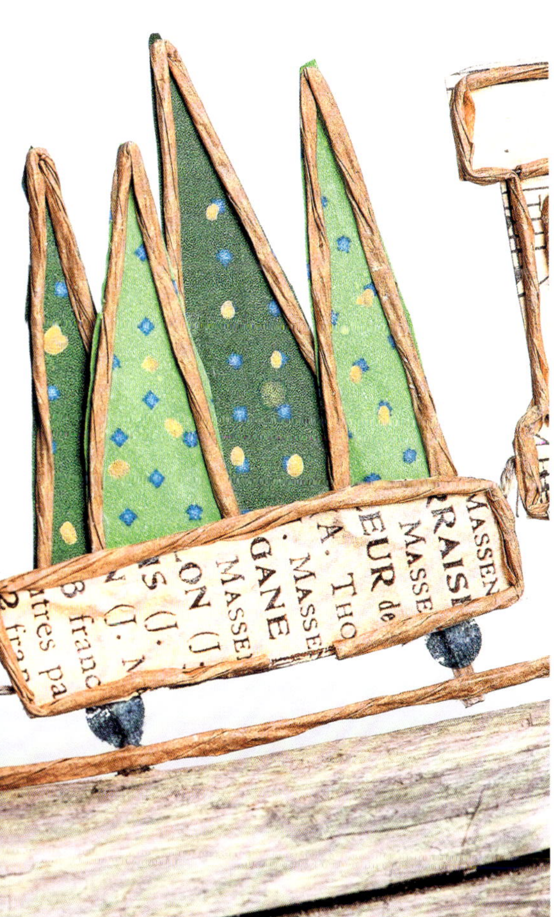

Der Stern

Formen Sie den Stern. Kleben Sie ihn auf ein Papier Ihrer Wahl.

Trocknen lassen und ausschneiden.

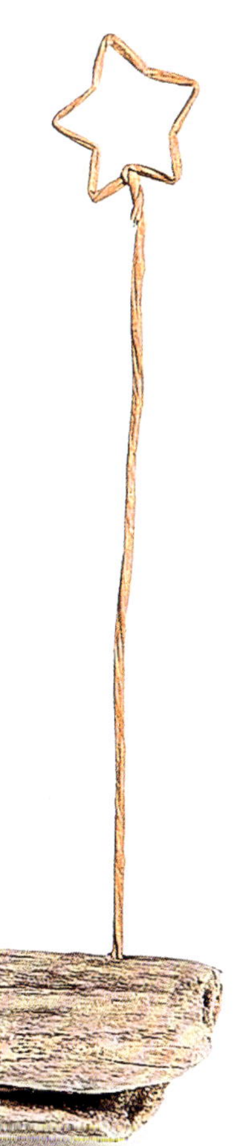

AUSARBEITUNG

Schneiden Sie einen etwa 30 cm langen Draht für die Schienen ab.

Ziehen Sie ihn gerade und flachen Sie ihn mit der Flachzange ab.

Dadurch wird seine Klebefläche unter den Rädern vergrößert.

Setzen Sie die Waggons und die Lokomotive auf die Arbeitsfläche.

Kleben Sie die Schienen direkt unter die Räder auf die Stiele.

Gut trocknen lassen.

Drehen Sie den Zug um. Verbinden Sie die Waggons und dic Lokomotive mit einer dünnen Schnur oder mit Draht.

Schneiden Sie den Stiel von jedem zweiten Rad ab, es müssen nicht alle Räder auf dem Sockel befestigt werden.

MONTAGE

Befestigen Sie den Zug und den Stern auf dem Holzsockel.

Der Eiskunstläufer

SCHWIERIGKEIT ☆☆

Zusätzliches Material für dieses Modell
Goldpapier oder einen goldfarbenen Filzstift
Motivstanzer „Stern"

ANLEITUNG

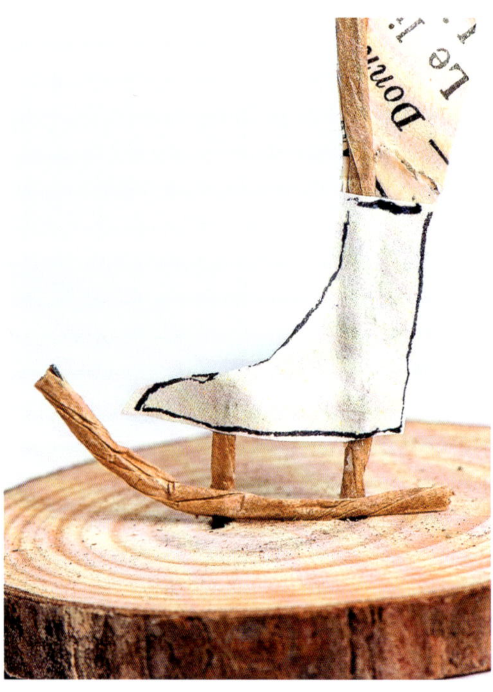

Der Eiskunstläufer

Formen Sie den Eiskunstläufer nach der Schablone.

Kleben Sie ihn auf ein Papier Ihrer Wahl.

Gut trocknen lassen und ausschneiden.

Schneiden Sie die Mütze und den Schal aus buntem Papier aus.

Mit dem schwarzen Filzstift umranden.

Kleben Sie die Mütze auf den Kopf und den Schal um den Hals.

Schneiden Sie die Schlittschuhe aus weißem Papier aus.

Mit dem schwarzen Filzstift umranden. Kleben Sie sie unten an die Beine des Eiskunstläufers. Lassen Sie am rechten Bein mehr Draht für die Montage auf dem Sockel überstehen.

Gut trocknen lassen.

Schneiden Sie aus dem Draht die anderen Teile des Schlittschuhs aus.

Kleben Sie die Befestigungen der Kufen hinter den Schuh und die Kufen selbst vor die Befestigungen. Bedenken Sie, dass die beiden Schlittschuhe unterschiedlich sind.

Gut trocknen lassen.

Die Tanne

Formen Sie die Tanne. Kleben Sie sie auf ein Papier Ihrer Wahl.

Gut trocknen lassen und ausschneiden.

Stanzen Sie einen Stern aus Goldpapier oder aus Papier, das mit einem goldenen Filzstift angemalt wurde, aus.

Kleben Sie ihn auf die Spitze der Tanne.

Schieben Sie den Fuß der Tanne in die Hand des Eiskunstläufers.

Fixieren Sie ihn mit etwas Leim in der Handfläche.

Mit der Flachzange zusammendrücken. Gut trocknen lassen.

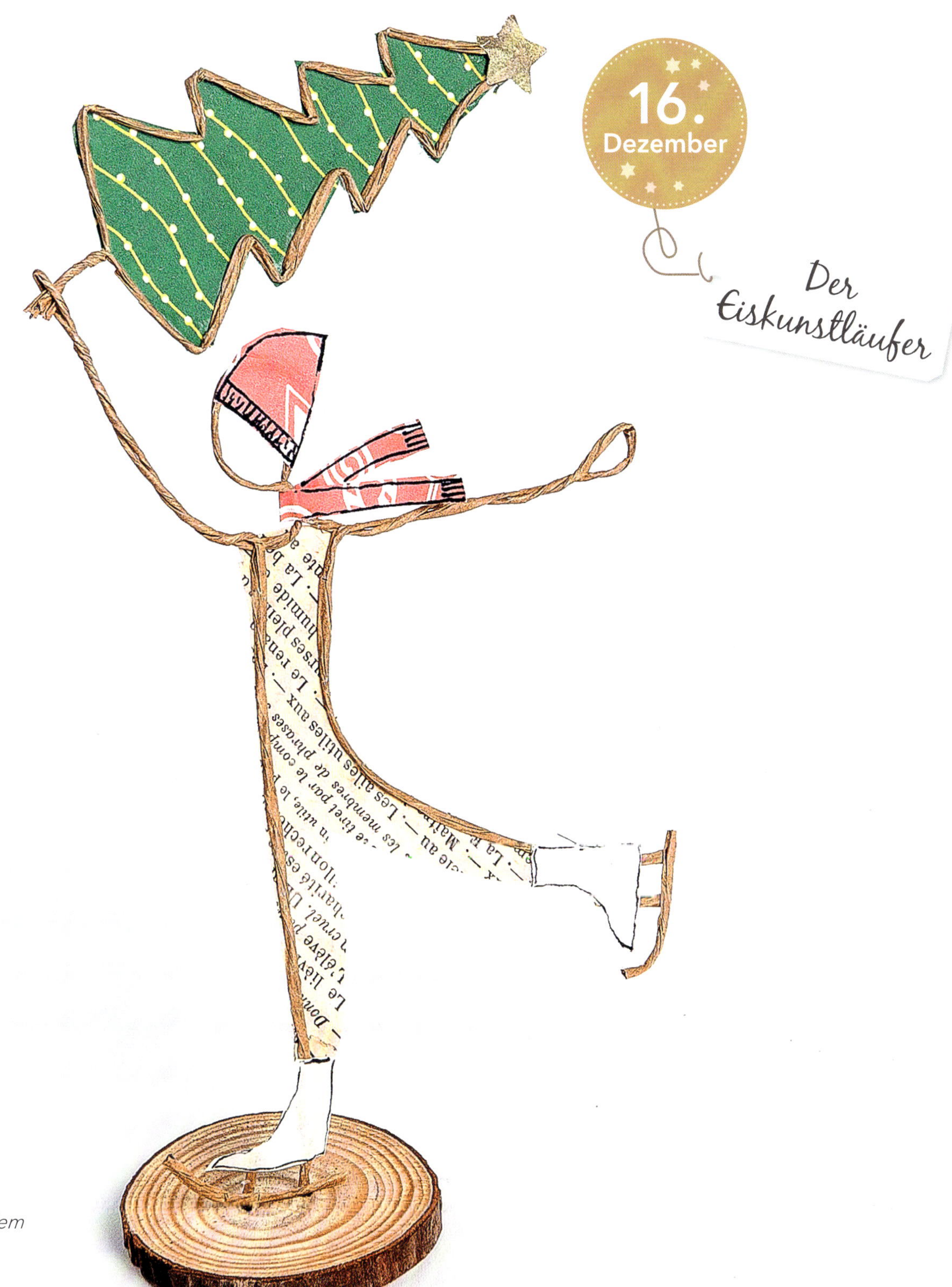

MONTAGE

Befestigen Sie den Eiskunstläufer auf dem Holzsockel.

Kerze mit Stechpalme

SCHWIERIGKEIT ☆

Zusätzliches Material für dieses Modell
Gelber Filzstift

ANLEITUNG

Vorbereitung

Malen Sie einen Papierrest gelb an.

Die Kerze

Formen Sie die Kerze. Kleben Sie sie auf ein Papier Ihrer Wahl.

Gut trocknen lassen und ausschneiden.

Schneiden Sie die Flamme aus gelbem Papier aus.

Mit dem schwarzen Filzstift umranden.

Kleben Sie die Flamme auf einen 3 cm langen Draht.

Kleben Sie den Draht auf die Rückseite der Kerze.

Die Stechpalmenblätter

Formen Sie den Umriss der Blätter. Kleben Sie sie auf grünes Papier.

Trocknen lassen und ausschneiden.

Kleben Sie auf jedes Blatt ein Stück geraden Draht, der die Blattader und den Stiel darstellt.

Die Beeren der Stechpalme

Formen Sie die Beeren, drehen Sie dafür den Draht um einen Bleistift.

So erhalten Sie gleichmäßige Rundungen.

Kleben Sie sie auf rotes Papier. Trocknen lassen und ausschneiden.

AUSARBEITUNG

Legen Sie die Stechpalmenblätter und die Beeren auf die Kerze. Kerze, Stechpalmenblätter und Beeren sollten an der Unterseite auf einer Linie sein. Festkleben und trocknen lassen.

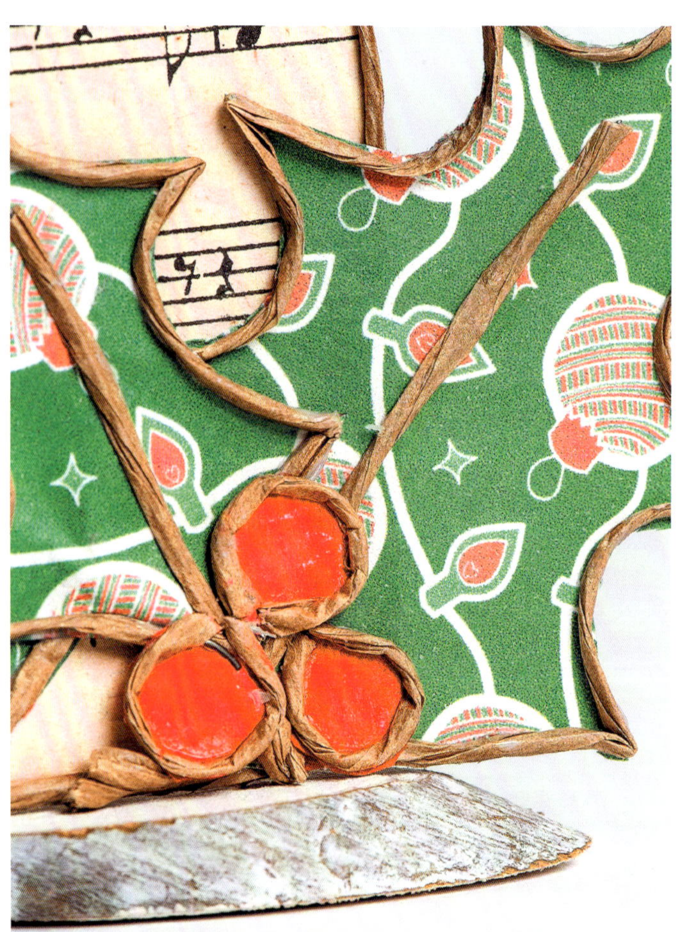

MONTAGE

Kleben Sie das Gesteck auf eine Astscheibe.

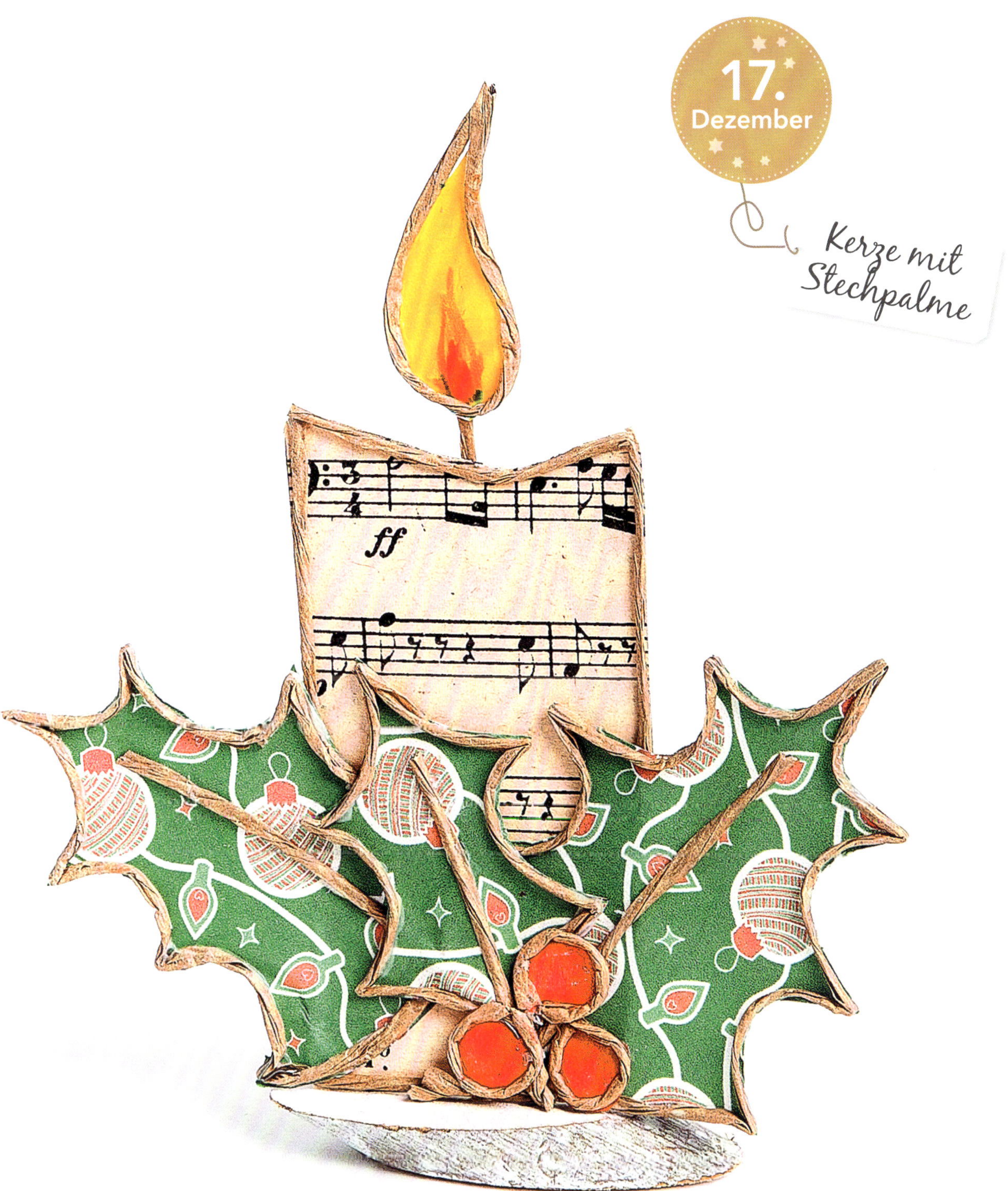
17.
Dezember
Kerze mit
Stechpalme

Der Engel mit der Kerze

SCHWIERIGKEIT ☆

Zusätzliches Material für dieses Modell
Gelber Filzstift

ANLEITUNG

Vorbereitung

Malen Sie einen Papierrest gelb an.

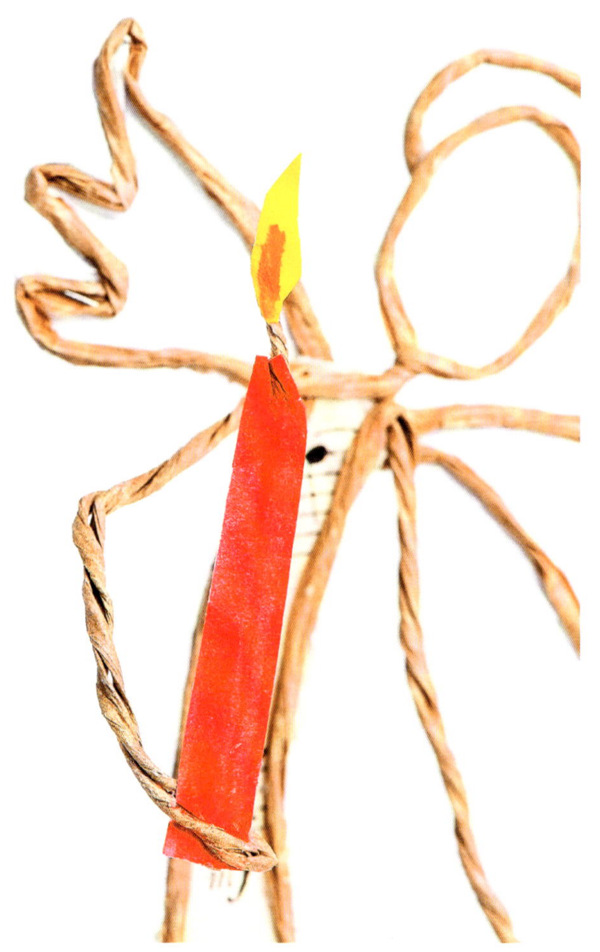

Der Engel

Formen Sie den Engel. Lassen Sie die Hand, die die Kerze halten wird, geöffnet.

Kleben Sie den Engel auf Notenpapier.

Trocknen lassen und ausschneiden.

Kleben Sie das Gesicht auf weißes Papier. Trocknen lassen und ausschneiden.

Formen Sie den Heiligenschein und kleben Sie ihn hinter den Kopf des Engels.

Formen Sie zunächst einen Flügel. Mit demselben Draht modellieren Sie im Anschluss den zweiten Flügel wie den ersten.

Kleben Sie die Flügel auf weißes Papier. Trocknen lassen und ausschneiden.

Kleben Sie die Flügel auf den Rücken des Engels.

Die Kerze

Schneiden Sie die Flamme aus dem gelben und die Kerze aus rotem Papier aus.

Mit dem schwarzen Filzstift fein umranden.

Kleben Sie beides auf einen 3,5 cm langen Draht.

AUSARBEITUNG

Geben Sie etwas Leim in die Hand des Engels und schieben Sie die Kerze hinein. Gut trocknen lassen.

18. Dezember

Der Engel mit der Kerze

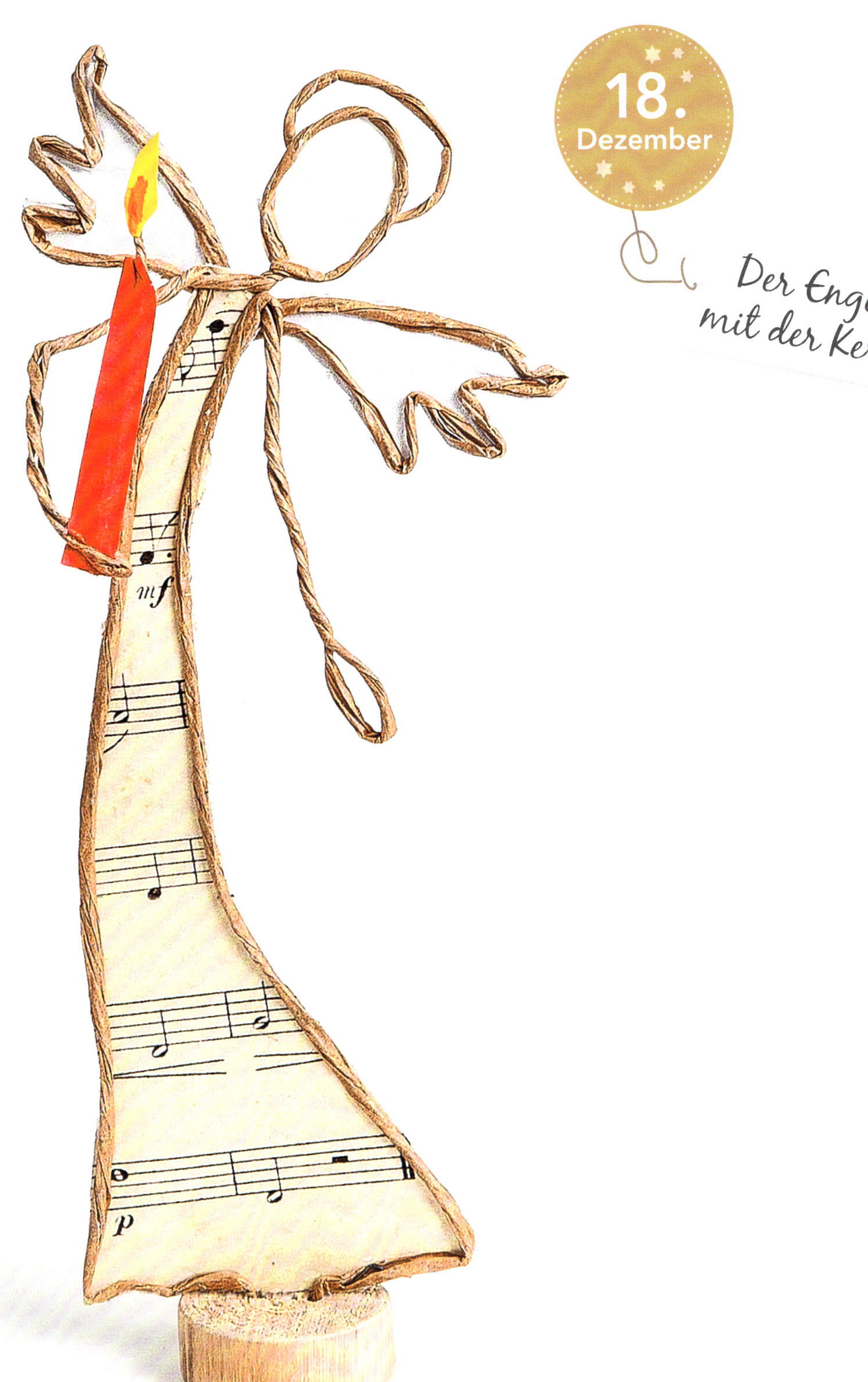

MONTAGE

Befestigen Sie den Engel auf dem Holzsockel.

Die Vögel

SCHWIERIGKEIT ☆

Zusätzliches Material für dieses Modell
Locher für kleine Löcher

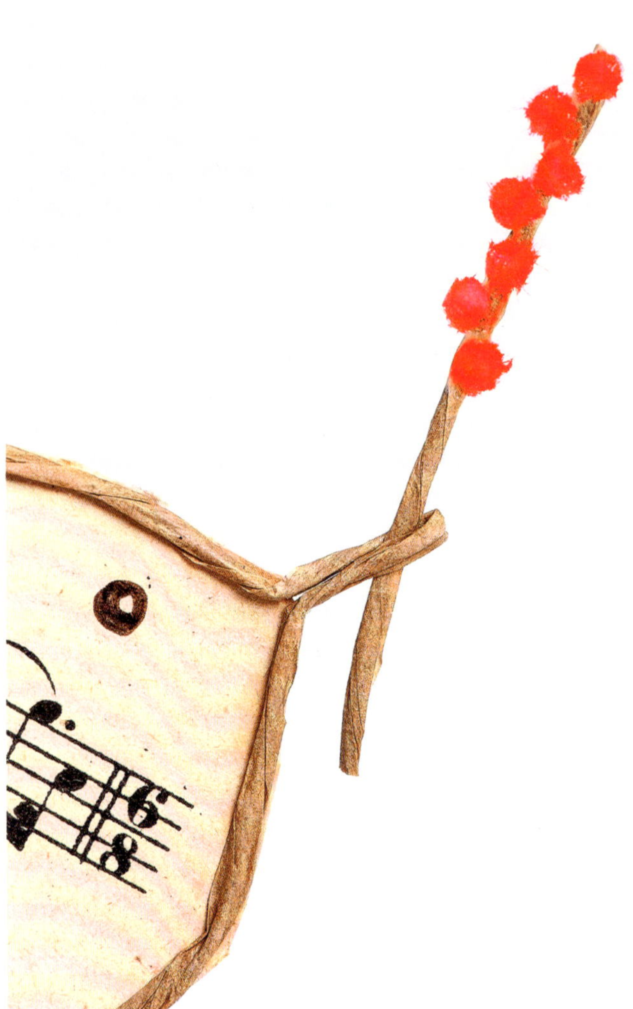

ANLEITUNG

Die Vögel

Formen Sie den Umriss der Vögel. Kleben Sie sie auf ein Papier Ihrer Wahl.

Geben Sie dabei keinen Leim auf den Schnabel.

Trocknen lassen und ausschneiden.

Formen Sie die Flügel. Kleben Sie sie auf ein Papier Ihrer Wahl.

Trocknen lassen und ausschneiden.

Kleben Sie die Flügel auf die Körper der Vögel.

Der Zweig

Stanzen Sie kleine Konfetti aus rotem Papier aus.

Kleben Sie sie auf einen 3 cm langen Draht.

AUSARBEITUNG

Öffnen Sie den Schnabel des großen Vogels ein wenig.

Geben Sie etwas Leim in den Schnabel, dann schieben Sie den Zweig hinein. Schließen Sie den Schnabel wieder, soweit möglich.

Gut trocknen lassen. Falls nötig, biegen Sie den Zweig zurecht.

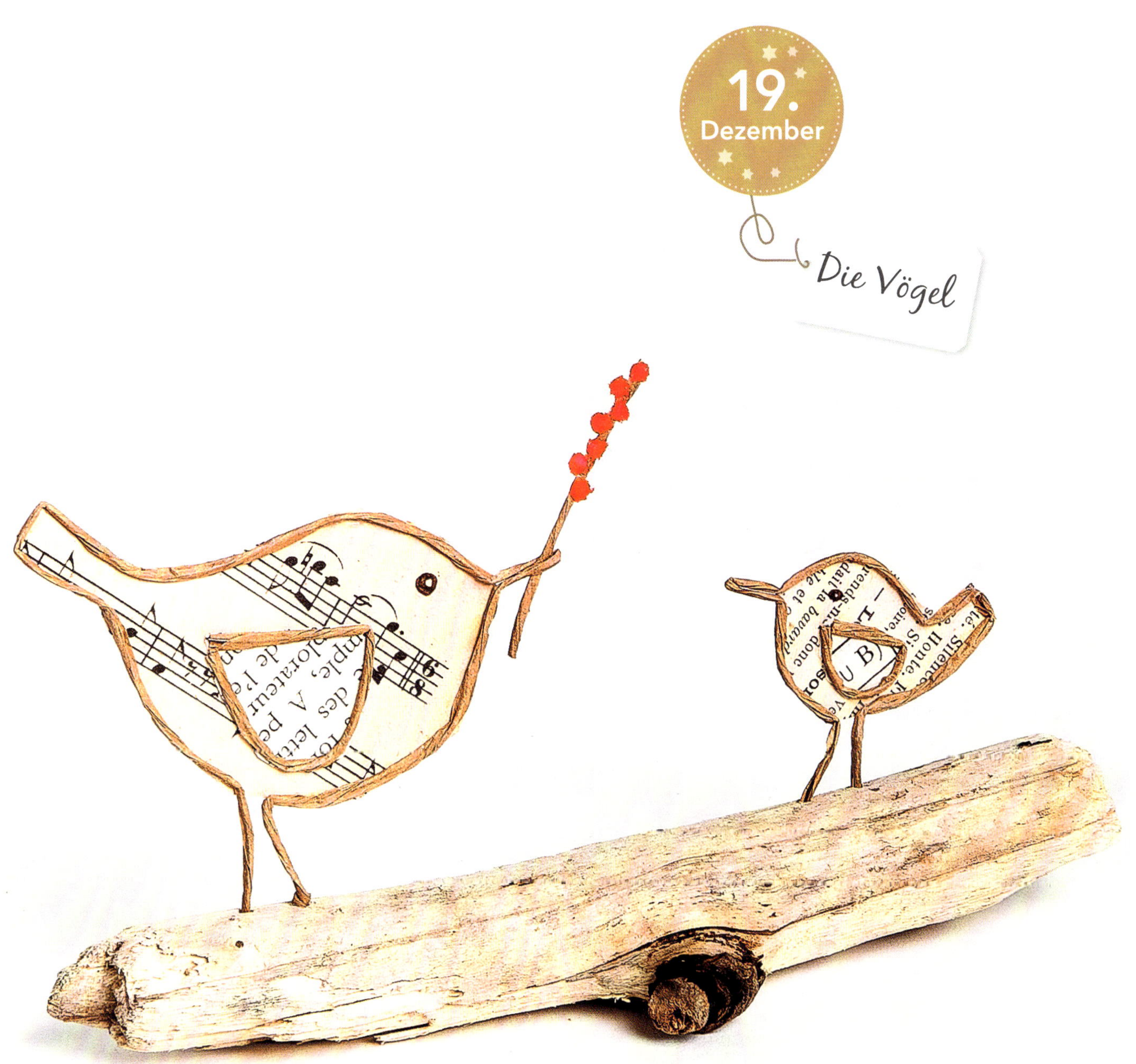

MONTAGE

Befestigen Sie die Vögel auf dem Holzsockel.

Weihnachtseinkäufe

SCHWIERIGKEIT ☆☆☆

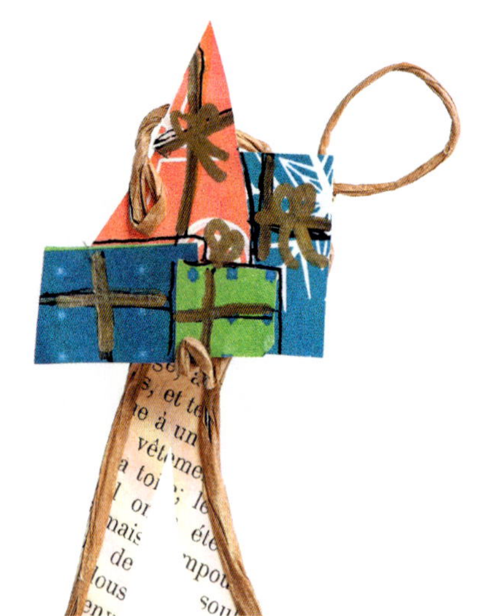

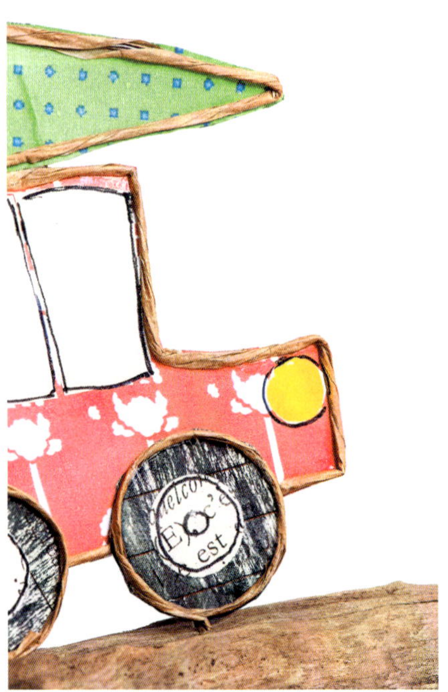

Zusätzliches Material für dieses Modell
Dunkelgrauer, goldener, roter und gelber Filzstift

ANLEITUNG

Vorbereitung

Malen Sie Papierreste für die Räder grau an und für den Scheinwerfer gelb.

Die Figur

Formen Sie die Figur nach der Schablone und kleben Sie sie auf ein helles Papier Ihrer Wahl.

Trocknen lassen und ausschneiden.

Umranden Sie die Innenseite der Hose mit einem feinen, schwarzen Filzstift.

Das Auto

Formen Sie den Umriss des Autos.

Kleben Sie ihn auf ein Papier Ihrer Wahl.

Trocknen lassen und ausschneiden.

Schneiden Sie die Fenster aus hellem Papier aus, folgen Sie dabei der Schablone.

Kleben Sie die Fenster auf das Auto. Gut trocknen lassen.

Umranden Sie sie mit einem feinen, schwarzen Filzstift.

Die beiden Scheinwerfer gelb anmalen und aufkleben.

Trocknen lassen und mit einem feinen, schwarzen Filzstift umranden.

Formen Sie die Räder, indem Sie den Draht z. B. um einen Klebestift wickeln, um eine gleichmäßige Rundung zu erhalten.

Kleben Sie sie auf graues Papier auf. Trocknen lassen und ausschneiden.

Schneiden Sie für die Felgen zwei Kreise aus hellem Papier aus.

Kleben Sie sie in die Mitte der Reifen. Kleben Sie die Reifen auf das Auto.

Die Tanne

Formen Sie die Tanne. Kleben Sie sie auf grünes Papier.

Trocknen lassen und ausschneiden.

Kleben Sie ein Stück Draht auf die Rückseite, wie auf der Schablone angegeben.

Drücken Sie mit der Flachzange die Stiele, die überstehen, zusammen, um die Klebefläche zu vergrößern.

Legen Sie die Tanne auf das Dach und kleben Sie die Stiele auf die Rückseite des Autos.

Die Geschenke

Schneiden Sie die Geschenke aus bunten Papierresten aus.

Kleben Sie sie zusammen.

Malen Sie die Schleifen mit einem goldenen Filzstift.

AUSARBEITUNG

Biegen Sie die Arme und die Hände der Figur um die Geschenke herum. Kleben Sie die Geschenke fest.

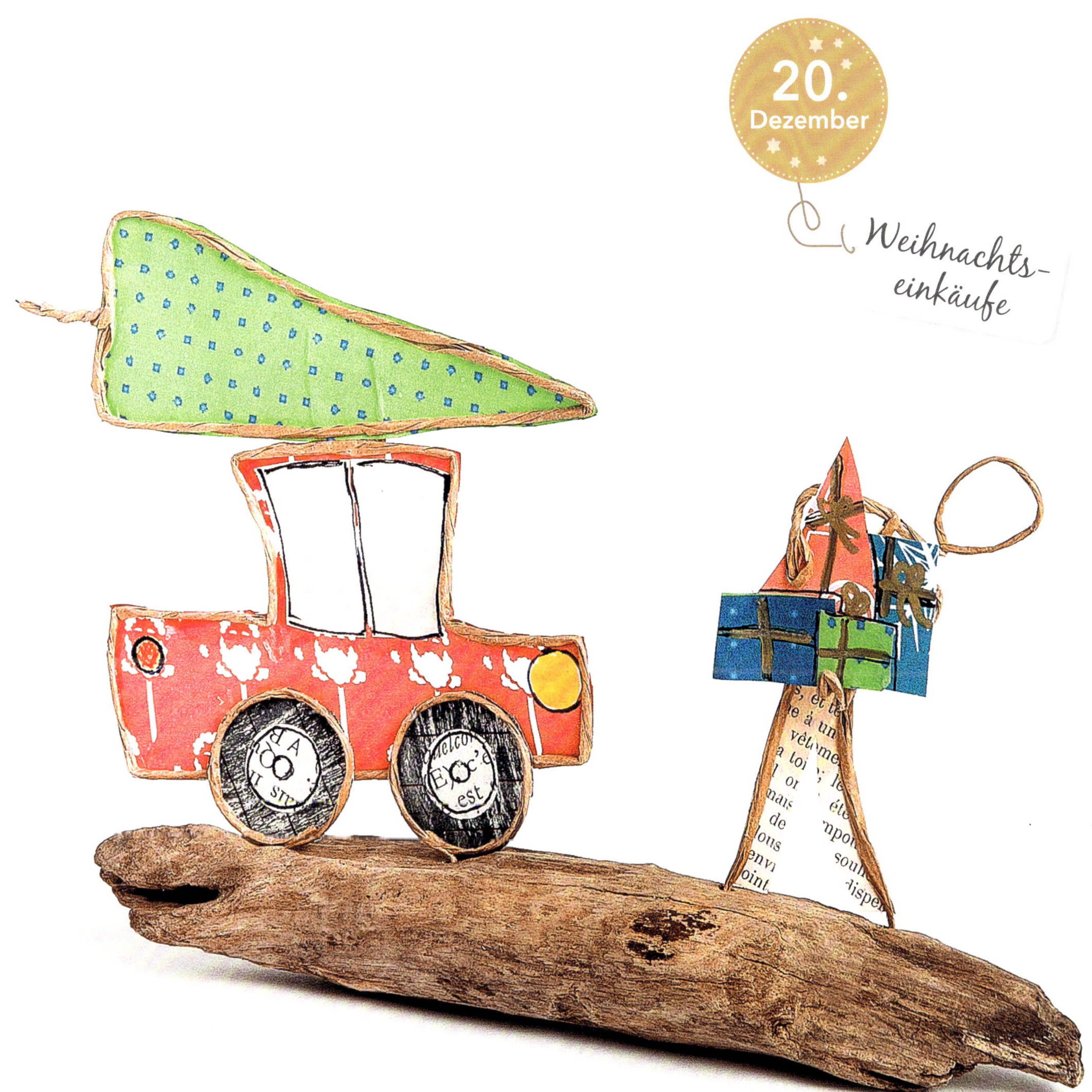

MONTAGE

Befestigen Sie die Figur und das Auto auf dem Holzsockel.

Laterne und Kerzenständer

SCHWIERIGKEIT ☆☆

Zusätzliches Material für diese Modelle
Gelber Filzstift

ANLEITUNG

Vorbereitung

Malen Sie einen Papierrest gelb an.

Die Aufhänger

Formen Sie die Aufhänger. Falls nötig, können die Aufhänger verlängert werden.

Der Kerzenständer

Formen Sie den Kerzenständer mit dem Henkel.

Kleben Sie ihn auf ein Papier Ihrer Wahl.

Trocknen lassen und ausschneiden.

Schneiden Sie ein Stück Draht ab, der in die Mitte des Kerzenständers geklebt wird. Gut trocknen lassen.

Schneiden Sie für das heruntertropfende Wachs ein Stück rotes Papier aus. Kleben Sie es auf ein Papier in einem anderen Rotton.

Formen Sie die Kerze. Kleben Sie den Draht auf das gewählte Papier und positionieren Sie ihn passend zum herunterfließenden Wachs. Gut trocknen lassen und ausschneiden.

Schneiden Sie die Flamme aus gelbem Papier aus.

Kleben Sie die Flamme auf einen 3 cm langen Draht.

Kleben Sie den Draht an die Rückseite der Kerze.

Schneiden Sie einen 8 cm langen Draht ab und biegen Sie ihn mittig.

Kleben Sie die untere Hälfte auf die Rückseite der Kerze.

Gut trocknen lassen. Drehen Sie den Draht nach dem Trocknen zu einer Schlaufe. Befestigen Sie den Aufhänger, damit Sie den Kerzenständer am Baum aufhängen können.

Die Laterne

Formen Sie den Umriss der Laterne. Kleben Sie ihn auf ein Papier Ihrer Wahl, vermeiden Sie dabei, Leim an den oberen Draht zu bringen, wo der Aufhänger befestigt wird.

Gut trocknen lassen und ausschneiden.

Schneiden Sie die horizontalen Drahtstücke, die die verschiedenen Teile der Laterne voneinander trennen, aus und kleben Sie sie zusammen.

Formen Sie den Umriss des Fensters der Laterne.

Kleben Sie ihn auf helles Papier. Gut trocknen lassen und ausschneiden.

Schneiden Sie die Kerze aus einem Papier Ihrer Wahl und die Flamme aus gelbem Papier aus.

Kleben Sie beides auf das Fenster. Umranden Sie die Kerze und die Flamme mit einem schwarzen Filzstift und zeichnen Sie den Docht.

Schneiden Sie zwei Drähte für das Fenster aus. Kleben Sie sie gekreuzt übereinander.

Kleben Sie das Fenster auf die Laterne.

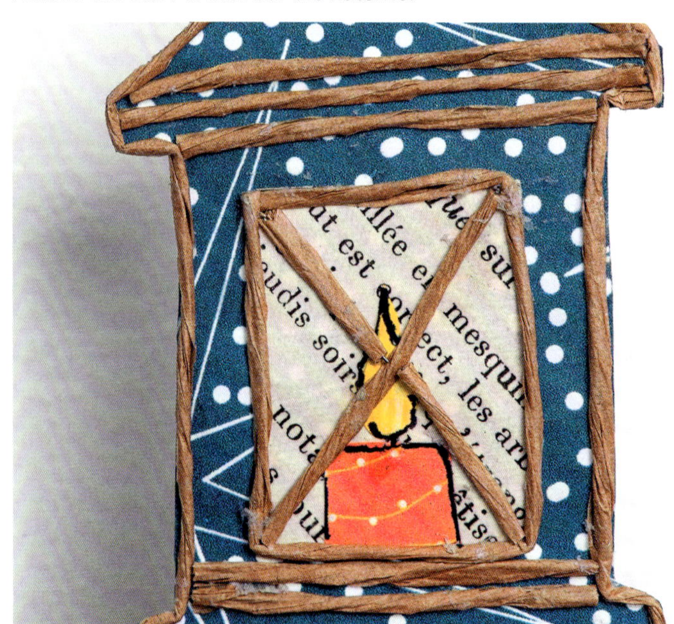

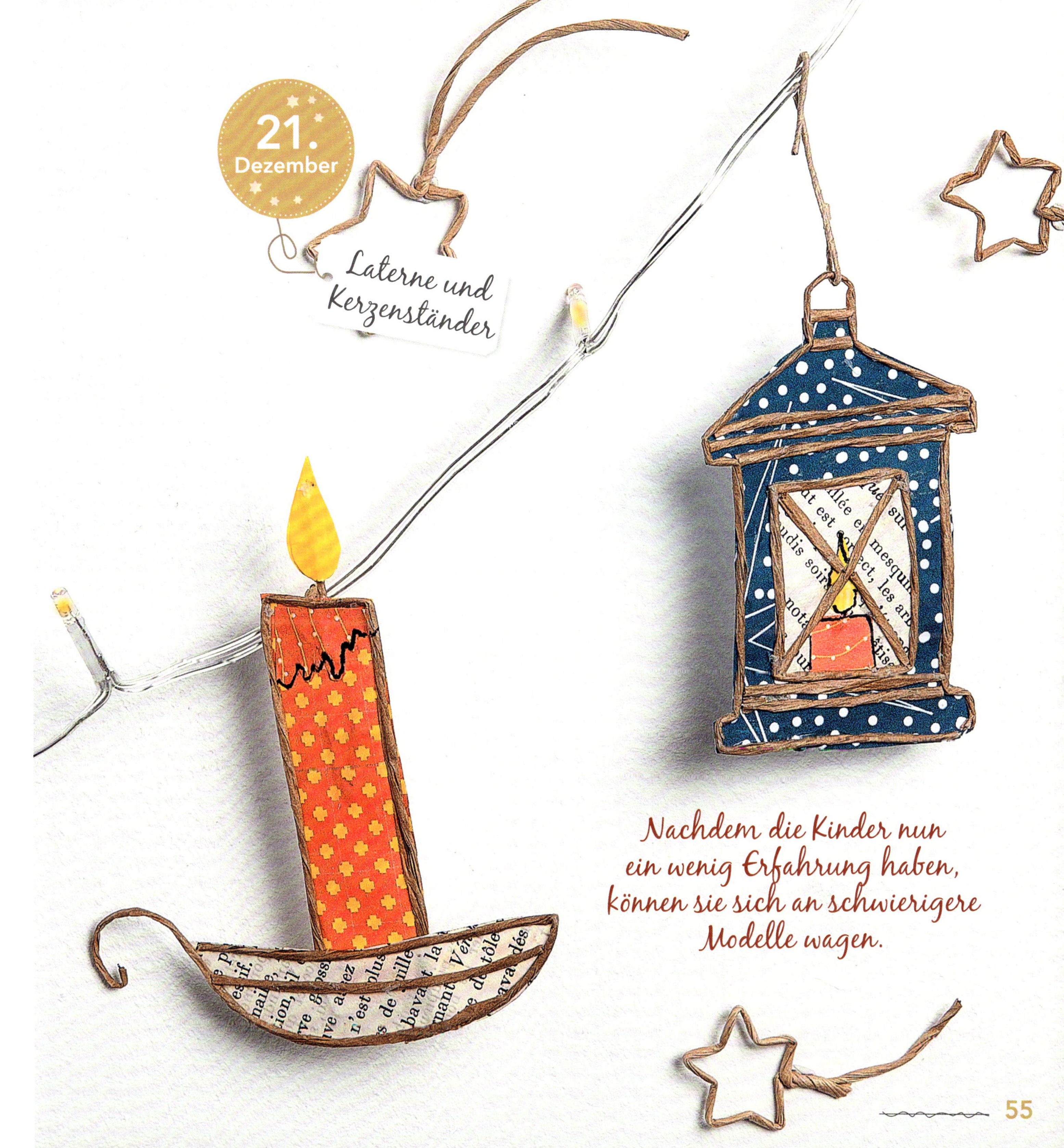

21. Dezember

Laterne und Kerzenständer

Nachdem die Kinder nun ein wenig Erfahrung haben, können sie sich an schwierigere Modelle wagen.

Weihnachtsvögel

SCHWIERIGKEIT ☆☆☆

Zusätzliches Material für dieses Modell

Leere Streichholzschachteln

Schwarze Farbe

Goldener Filzstift oder goldenes Papier

ANLEITUNG

Vorbereitung

Öffnen Sie die Streichholzschachteln und malen Sie die Innen- und Außenseite schwarz an. Trocknen lassen.

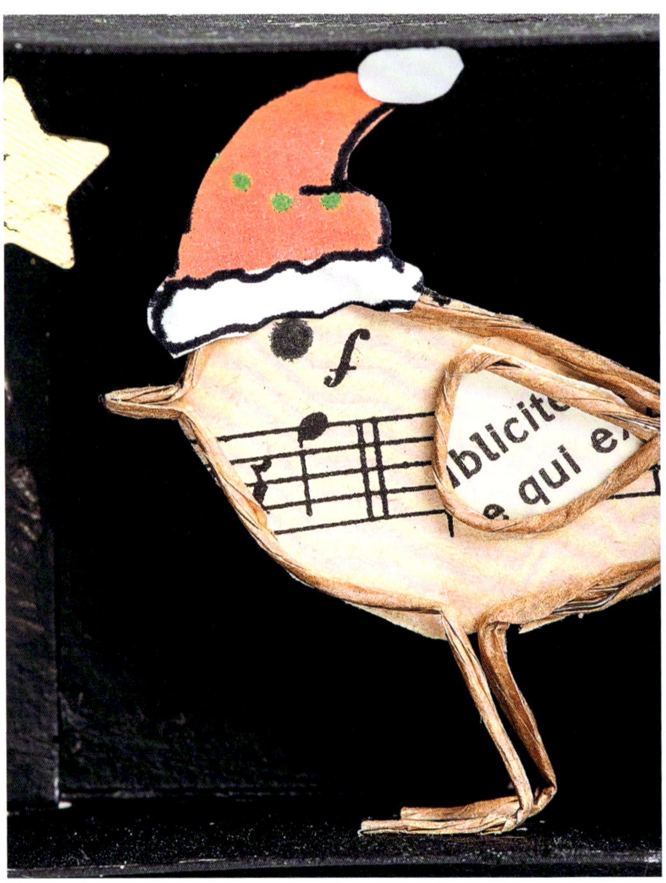

Die Vögel

Formen Sie die Vögel. Kleben Sie sie auf Notenpapier.

Gut trocknen lassen und ausschneiden.

Formen Sie die Flügel und kleben Sie sie auf ein anderes Papier.

Gut trocknen lassen und ausschneiden. Kleben Sie die Flügel auf die Vögel.

Schneiden Sie die Mützen aus rotem und die Bordüren und die Pompons aus weißem Papier aus.

Kleben Sie die Bordüren und die Pompons auf die Mützen, dann die Mützen auf die Köpfe der Vögel.

Zeichnen Sie die Augen der Vögel ein.

AUSARBEITUNG

Stanzen Sie mit dem Locher Sterne aus Goldpapier oder aus goldfarbenen Papierresten aus.

Kleben Sie einen davon auf die Innenseite jeder Schachtel, auf den Boden im oberen Bereich.

Kleben Sie die Vögel in die Schachtel, indem sie die Krallen etwas auseinanderbiegen, damit sie stabil stehen.

Fertigen Sie Namensschildchen von Hand oder mit dem Computer.

Schneiden Sie die Namen aus.

Schneiden Sie aus Notenpapier einen Streifen aus und kleben Sie ihn um die Streichholzschachtel. Gut trocknen lassen.

Kleben Sie die Namensschilder auf die Schächtelchen.

Weihnachtsvögel

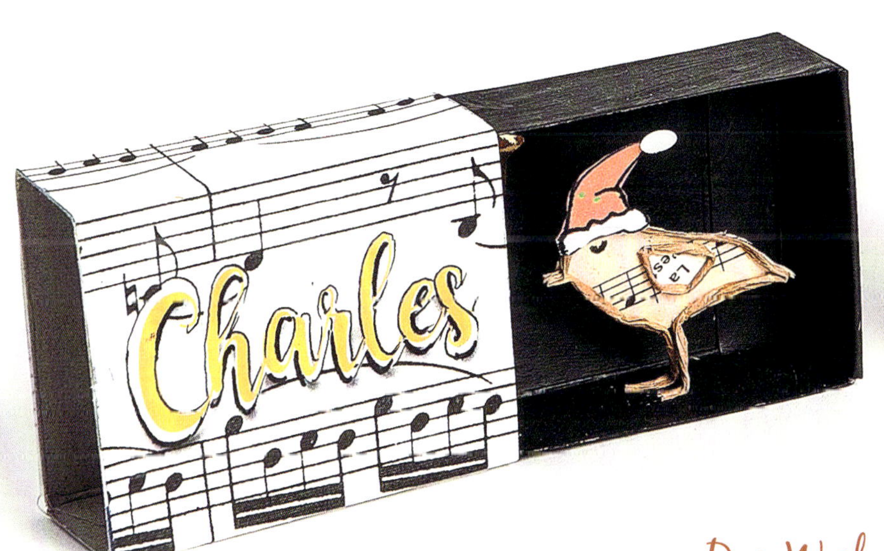

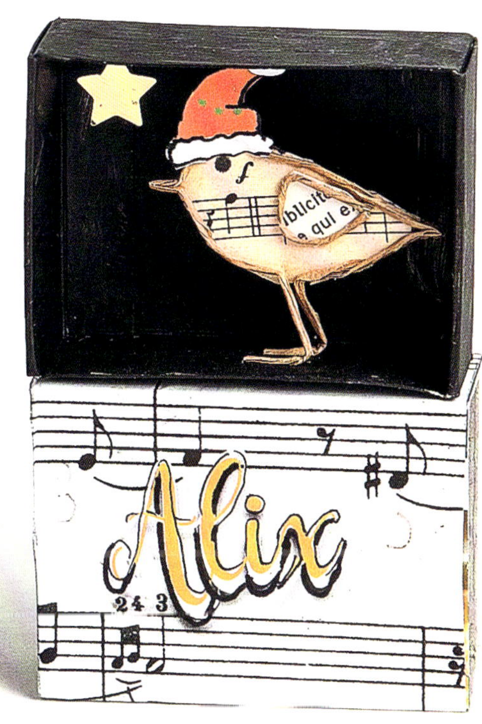

Das Weihnachtsessen ist nicht mehr weit.

Diese Platzkärtchen sind eine weihnachtliche Tischdekoration und ein charmantes Geschenk für Ihre Gäste.

Weihnachtsgäste

SCHWIERIGKEIT ☆☆

Zusätzliches Material für dieses Modell
Gelber und dunkelgrauer oder schwarzer Filzstift

ANLEITUNG

Der Bär

Formen Sie den Körper und die Arme des Bären.

Kleben Sie alles auf ein Papier Ihrer Wahl.

Gut trocknen lassen und ausschneiden.

Kleben Sie die Arme hinter den Körper.

Formen Sie die Schnauze, indem Sie den Draht um einen Filzstift wickeln, damit er eine schöne Rundung erhält.

Kleben Sie sie auf einfarbiges Papier.

Gut trocknen lassen und ausschneiden.

Kleben Sie die Schnauze an den Kopf.

Zeichnen Sie die Augen und die Nase ein.

Schneiden Sie die Ohren aus hellem, einfarbigem Papier aus.

Kleben Sie sie auf den Kopf.

Schneiden Sie zwei 3 cm lange Drähte ab.

Kleben Sie den oberen Teil hinter die Pfote des Bären.

Schneiden Sie den Schal aus einem Papier Ihrer Wahl aus.

Kleben Sie ihn um den Hals des Bären.

Der Pinguin

Formen Sie den Körper und die vier Pfoten des Pinguins.

Kleben Sie alles auf ein Papier Ihrer Wahl.

Gut trocknen lassen und ausschneiden.

Formen Sie die Abtrennung zwischen den weißen und den schwarzen Flächen des Pinguins.

Auf den Körper kleben und gut trocknen lassen.

Malen Sie mit dem Filzstift den dunklen Teil des Körpers und die Pfoten an.

Kleben Sie die Pfoten hinter den Körper.

Malen Sie die Augen und den Schnabel.

Schneiden Sie zwei 3 cm lange Drähte ab. Kleben Sie den oberen Teil hinter die Pfote des Pinguins.

Schneiden Sie den Schal aus einem Papier Ihrer Wahl aus.

Kleben Sie ihn um den Hals des Pinguins.

Die Kerzen

Schneiden Sie zwei Kerzen aus einem Papier Ihrer Wahl aus, dann zwei Flammen aus gelbem Papier.

Kleben Sie ein Stück Draht hinter die Kerze und die Flamme.

Kleben Sie die Kerzen hinter die Pfoten der Tiere.

Die Tanne

Formen Sie die Tanne. Kleben Sie sie auf ein Papier Ihrer Wahl.

Gut trocknen lassen und ausschneiden.

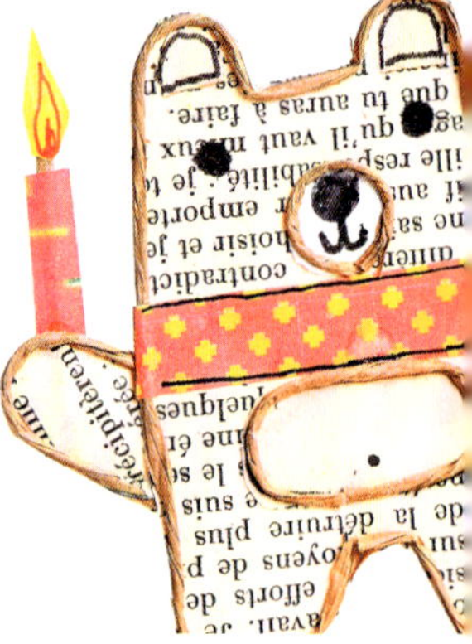

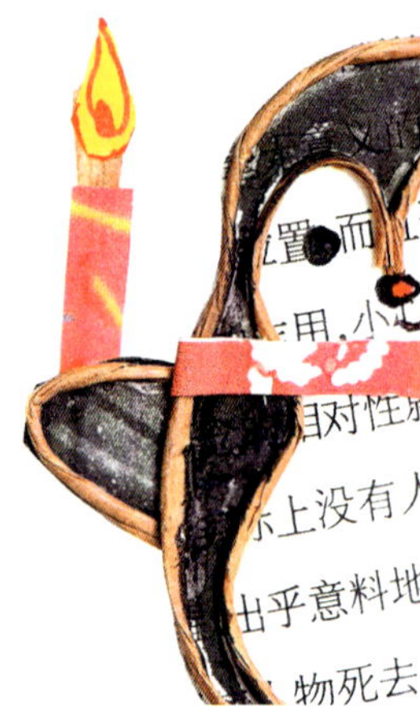

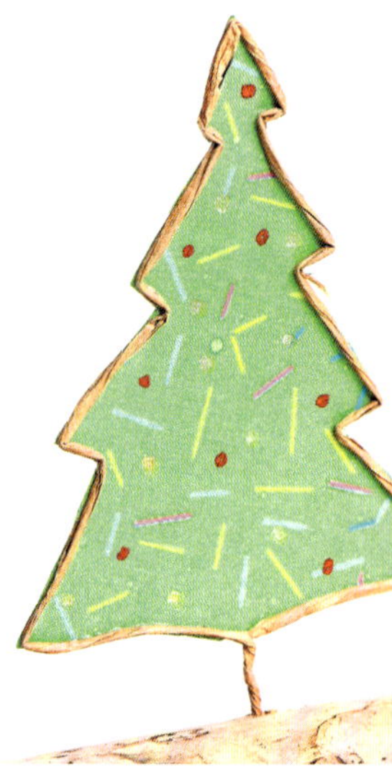

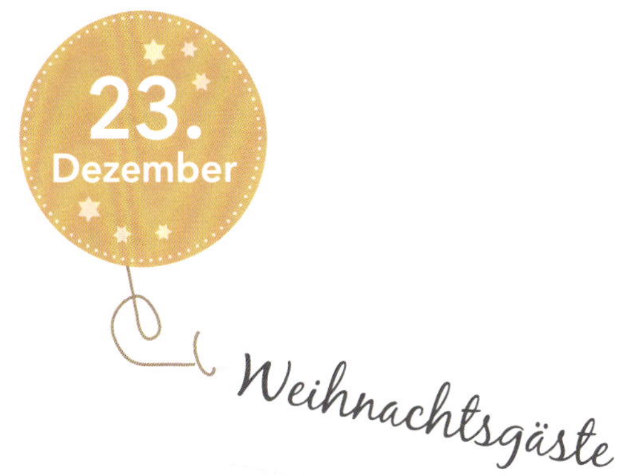

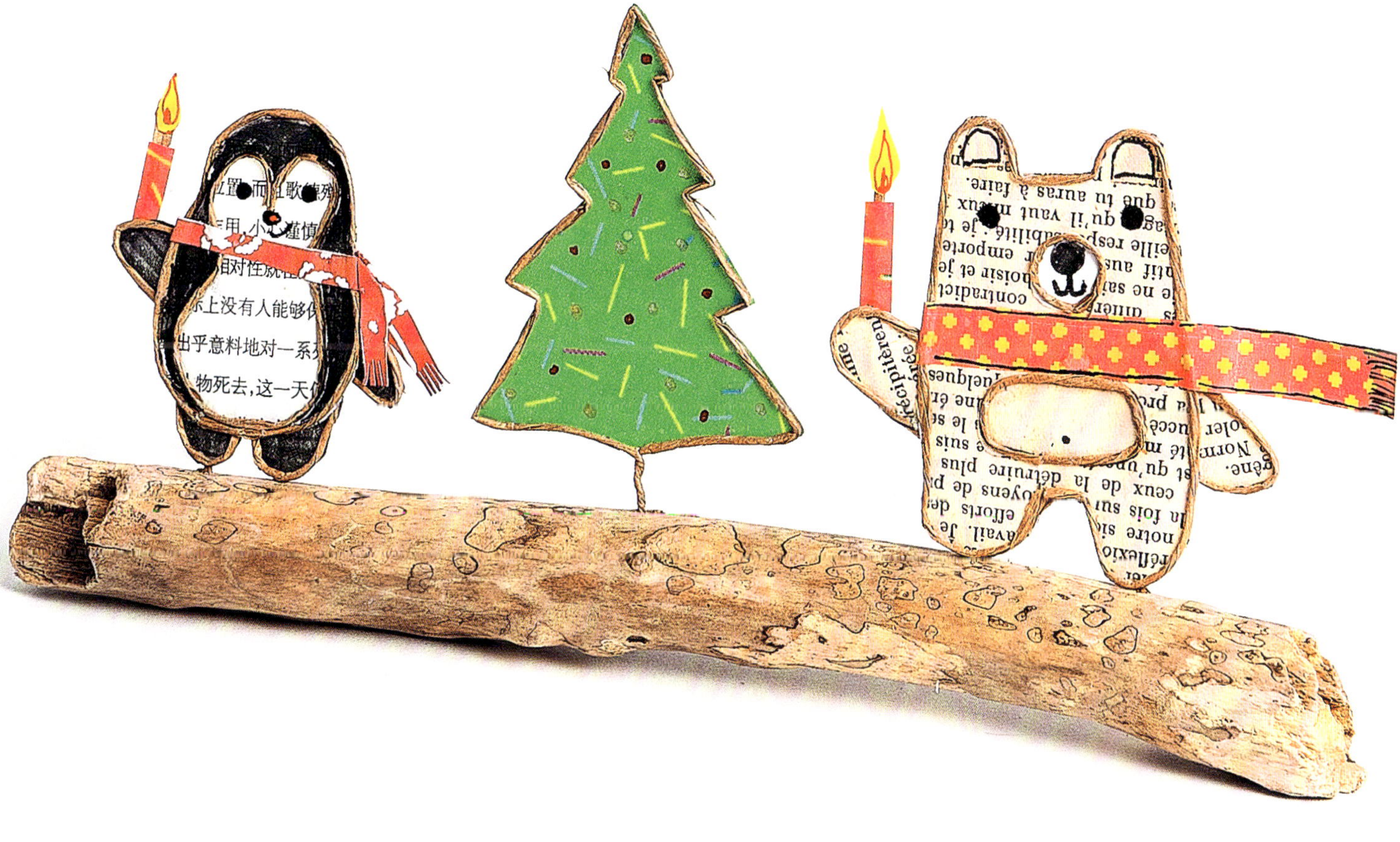

MONTAGE

Befestigen Sie die Figuren auf dem Holzsockel.

Türmchen

SCHWIERIGKEIT ☆

Zusätzliches Material für dieses Modell
Goldener Filzstift oder goldenes Papier
Motivstanzer „Stern«

ANLEITUNG

Vorbereitung

Falls nötig, malen Sie genügend Papier golden an für die Sterne und die Dächer.

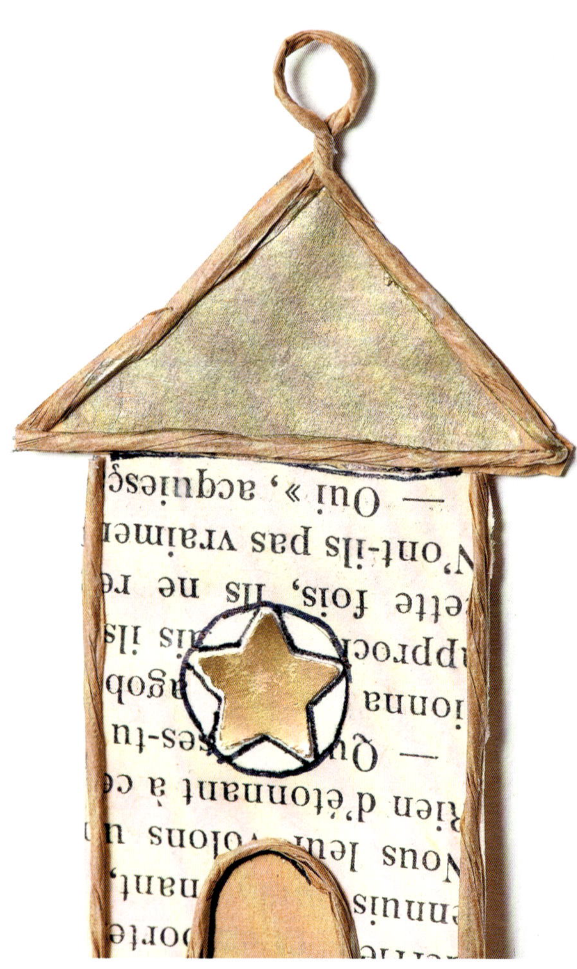

Die Aufhänger

Formen Sie die Aufhänger. Falls nötig, können die Aufhänger verlängert werden.

Die Türmchen

Formen Sie die beiden Türme und kleben Sie sie auf ein Papier Ihrer Wahl.

Gut trocknen lassen und ausschneiden. Lassen Sie dabei ausreichend Rand, um die Dächer aufzukleben.

Formen Sie die Dächer. Kleben Sie sie auf das goldene Papier.

Gut trocknen lassen und ausschneiden.

Kleben Sie die Dächer auf die Häuser.

Schneiden Sie eventuell überstehendes Papier ab.

Formen Sie die Türen. Kleben Sie sie auf einfarbiges Papier. Gut trocknen lassen und ausschneiden. Kleben Sie die Türen auf die Fassade.

Stanzen Sie aus dem goldenen Papier Sterne aus.

Kleben Sie sie auf einfarbiges Papier. Umranden Sie sie mit einem feinen, schwarzen Filzstift und zeichnen Sie zwei Kreise auf das einfarbige Papier.

Schneiden Sie die Kreise aus und kleben Sie sie über die Türen.

AUSARBEITUNG

Schieben Sie den Aufhänger in die Schleife, um mit den Türmchen den Weihnachtsbaum zu schmücken.

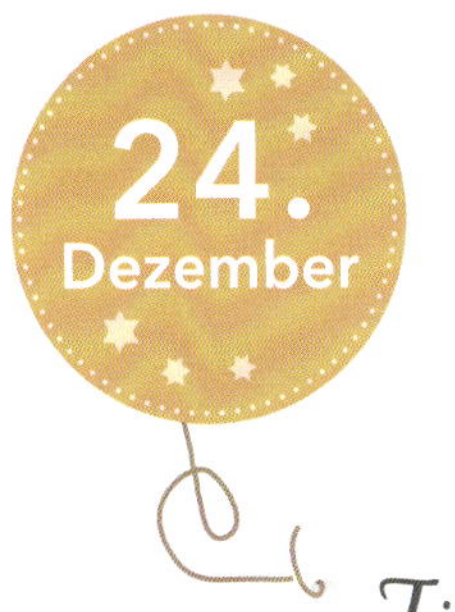

Türmchen

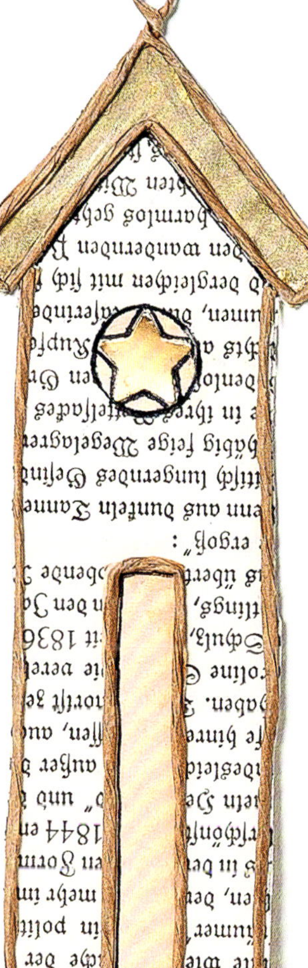

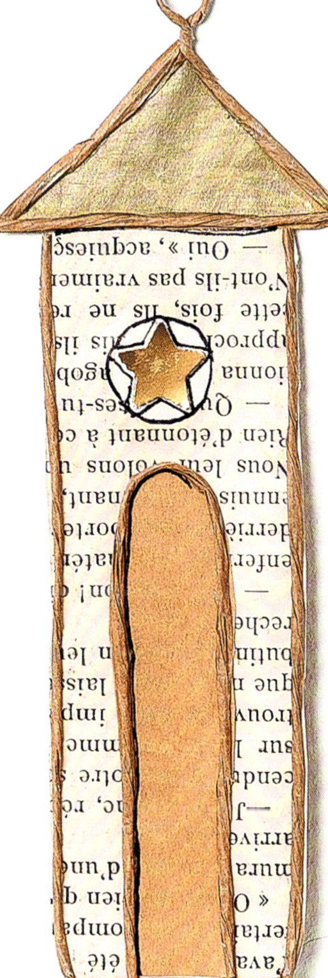

Ein weiteres Modell, das für Kinder gut geeignet ist.

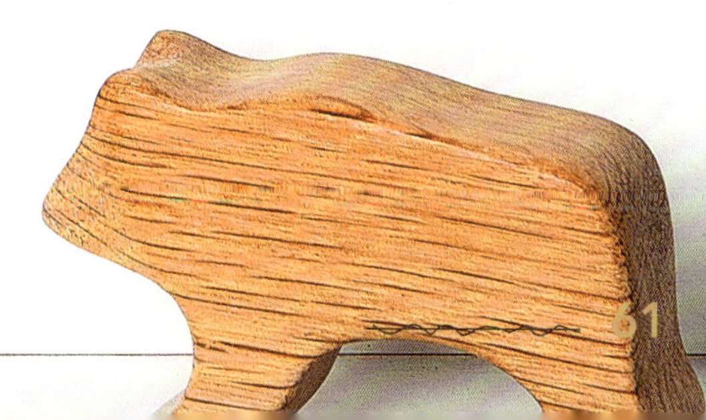

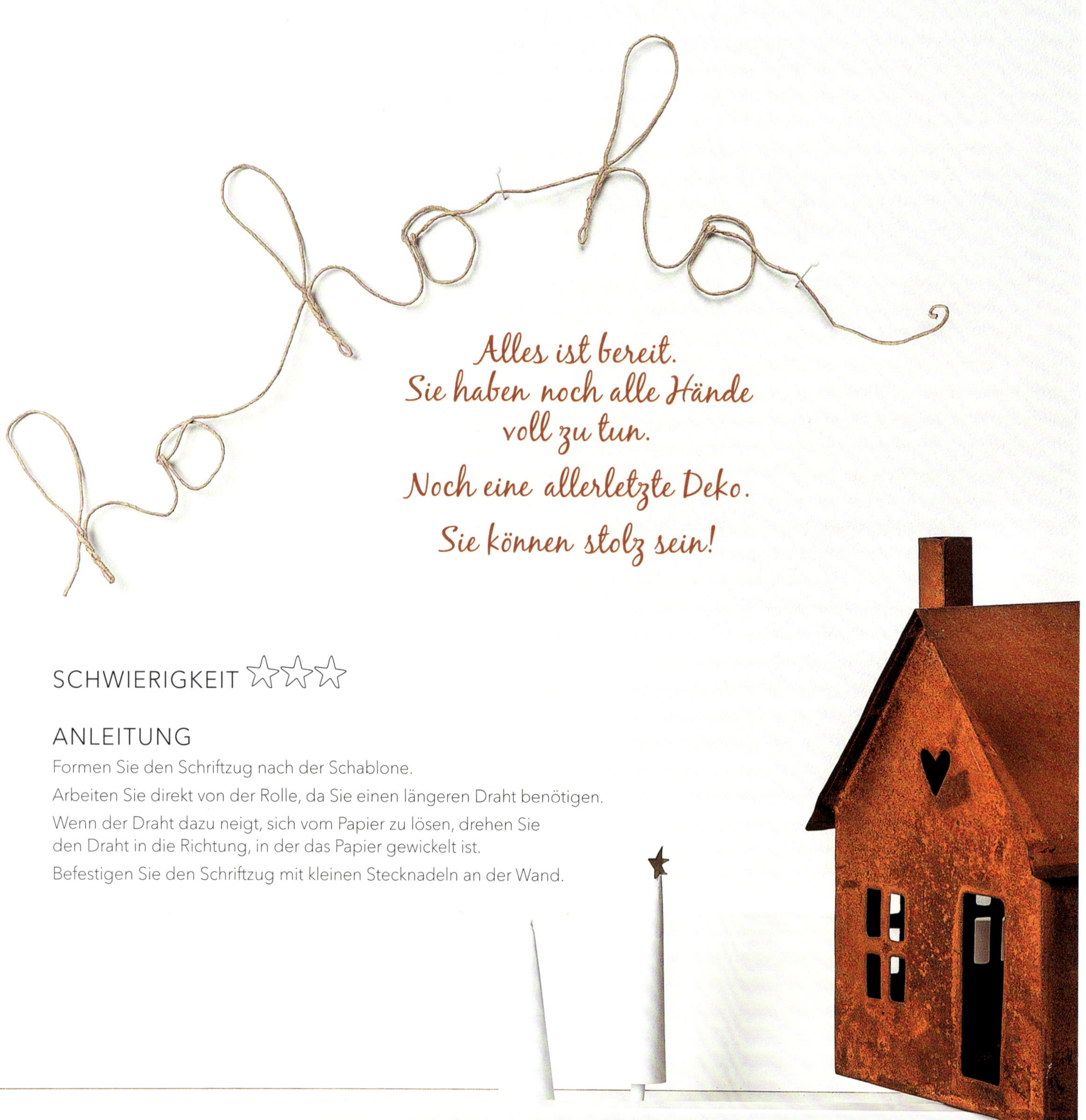

Alles ist bereit.
Sie haben noch alle Hände
voll zu tun.

Noch eine allerletzte Deko.

Sie können stolz sein!

SCHWIERIGKEIT ☆☆☆

ANLEITUNG

Formen Sie den Schriftzug nach der Schablone.

Arbeiten Sie direkt von der Rolle, da Sie einen längeren Draht benötigen.

Wenn der Draht dazu neigt, sich vom Papier zu lösen, drehen Sie den Draht in die Richtung, in der das Papier gewickelt ist.

Befestigen Sie den Schriftzug mit kleinen Stecknadeln an der Wand.

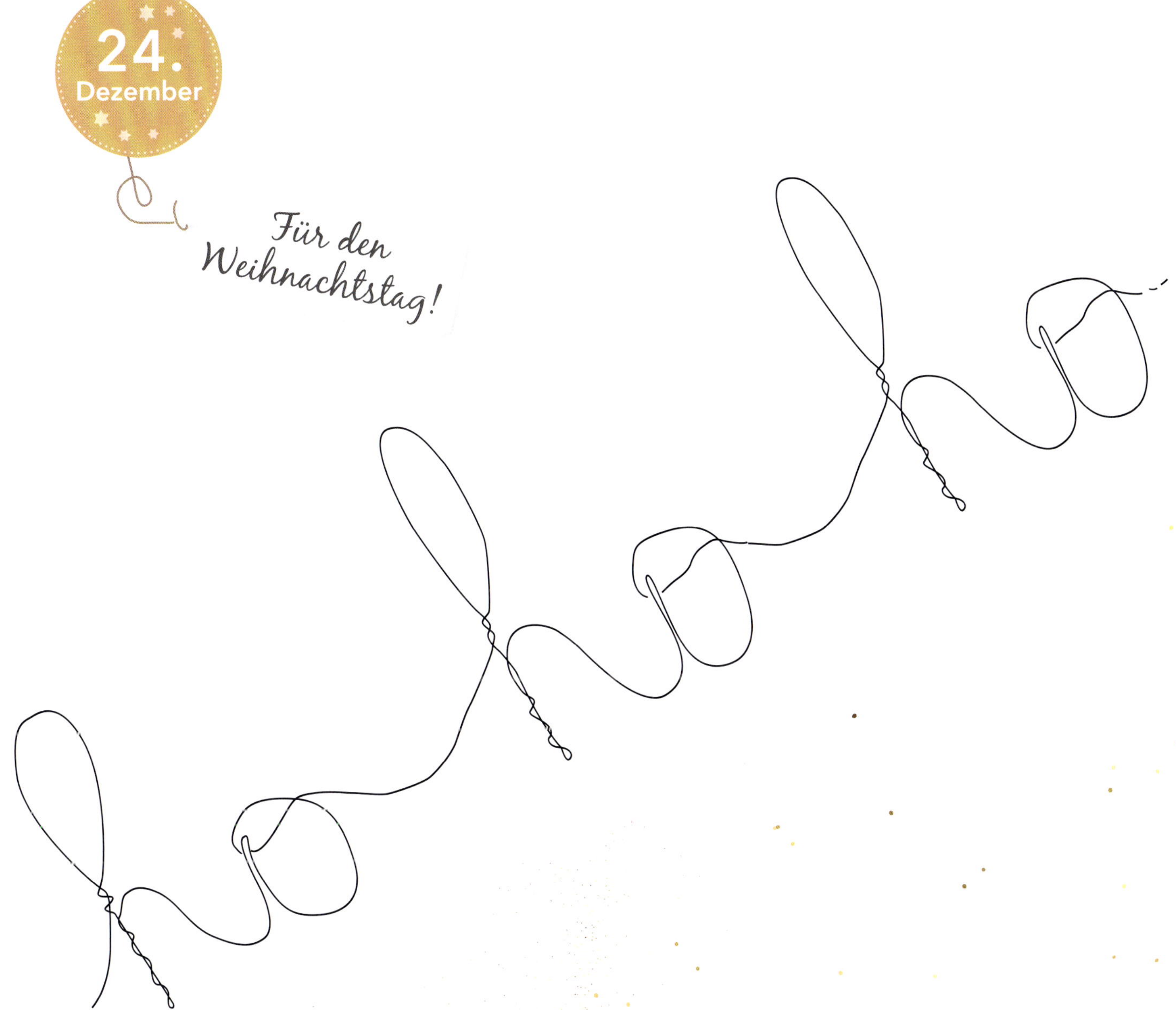
24.
Dezember
Für den Weihnachtstag!
hohoho

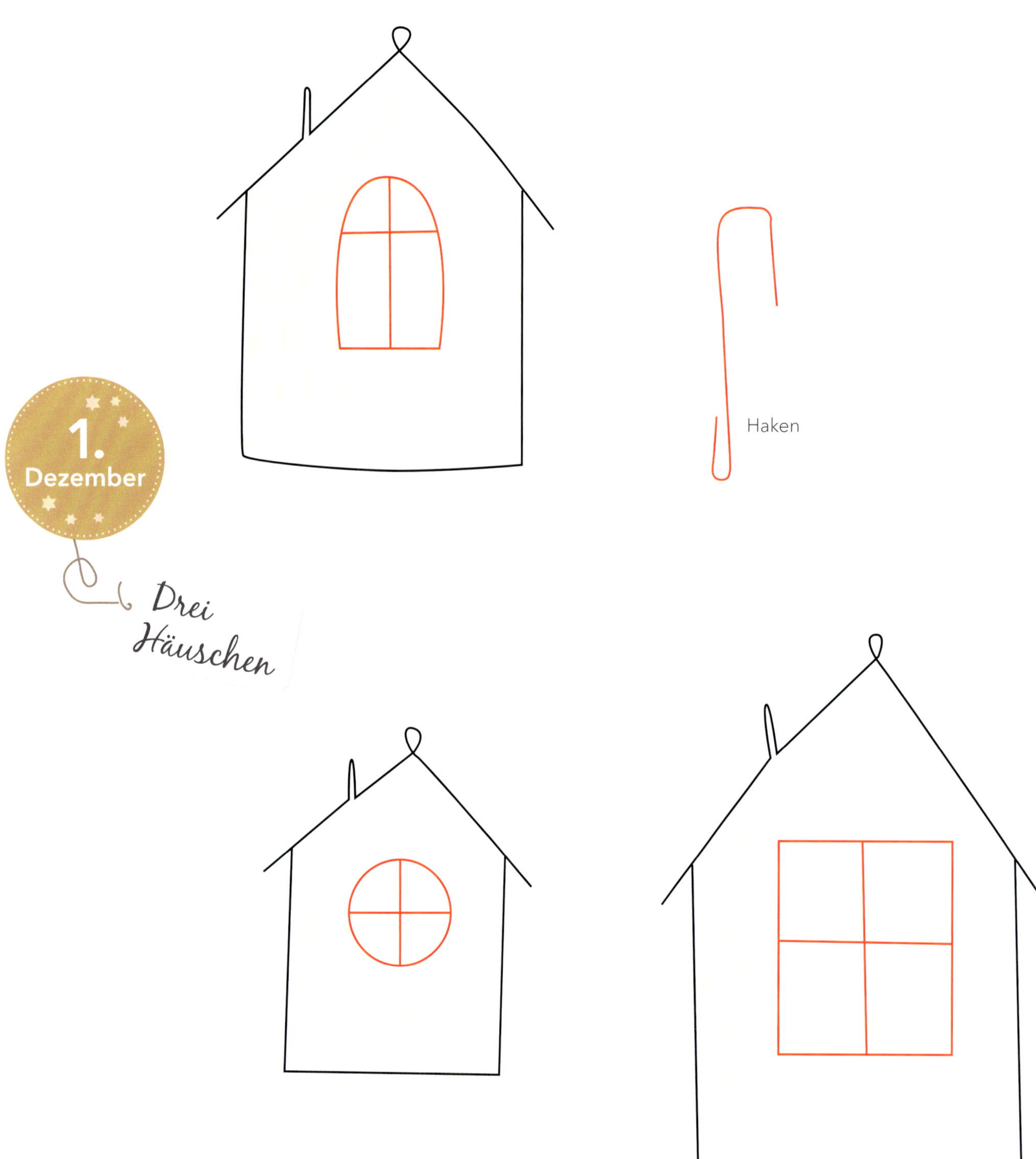
Haken
1.
Dezember
Drei
Häuschen

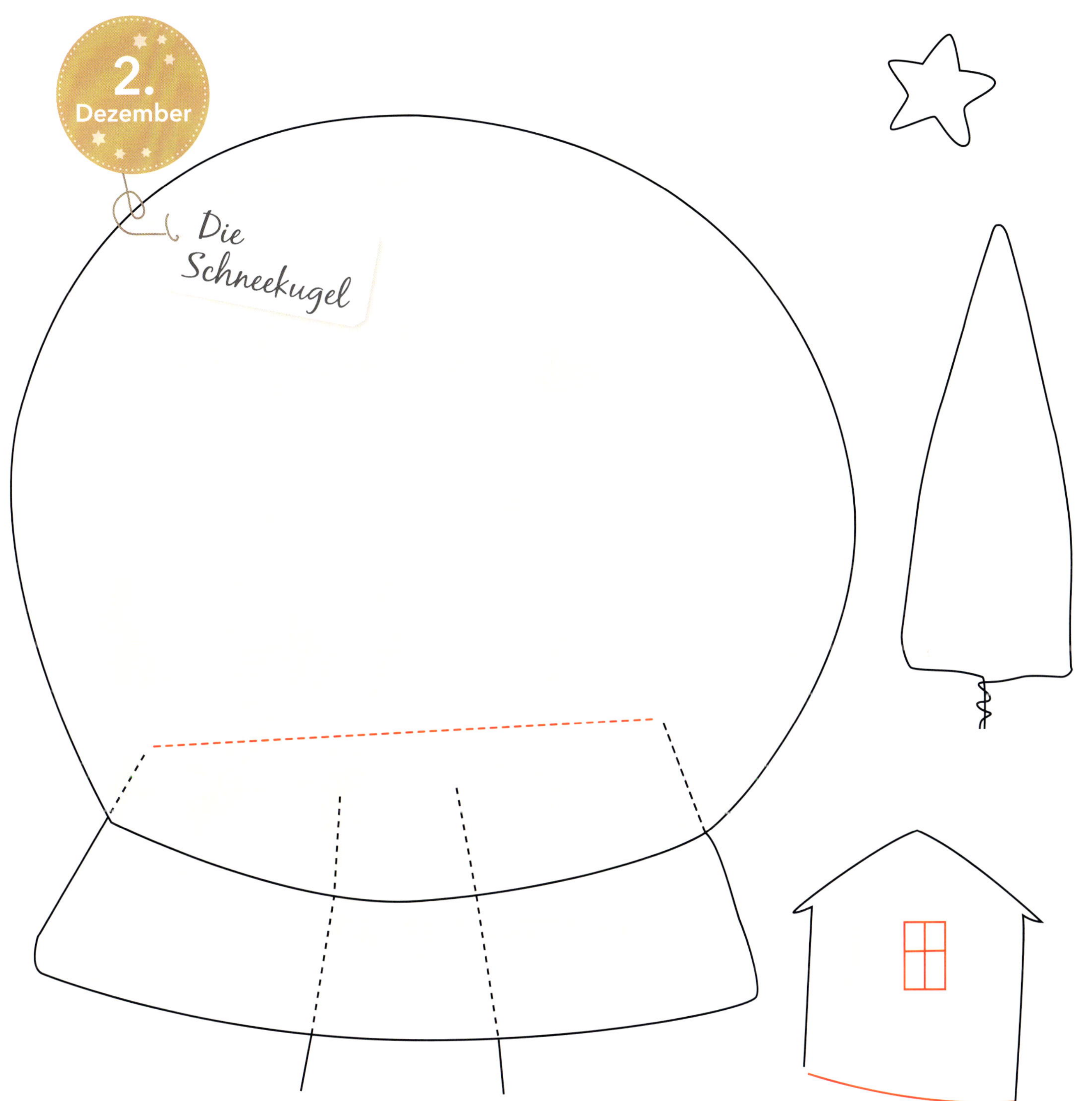
2.
Dezember
Die Schneekugel

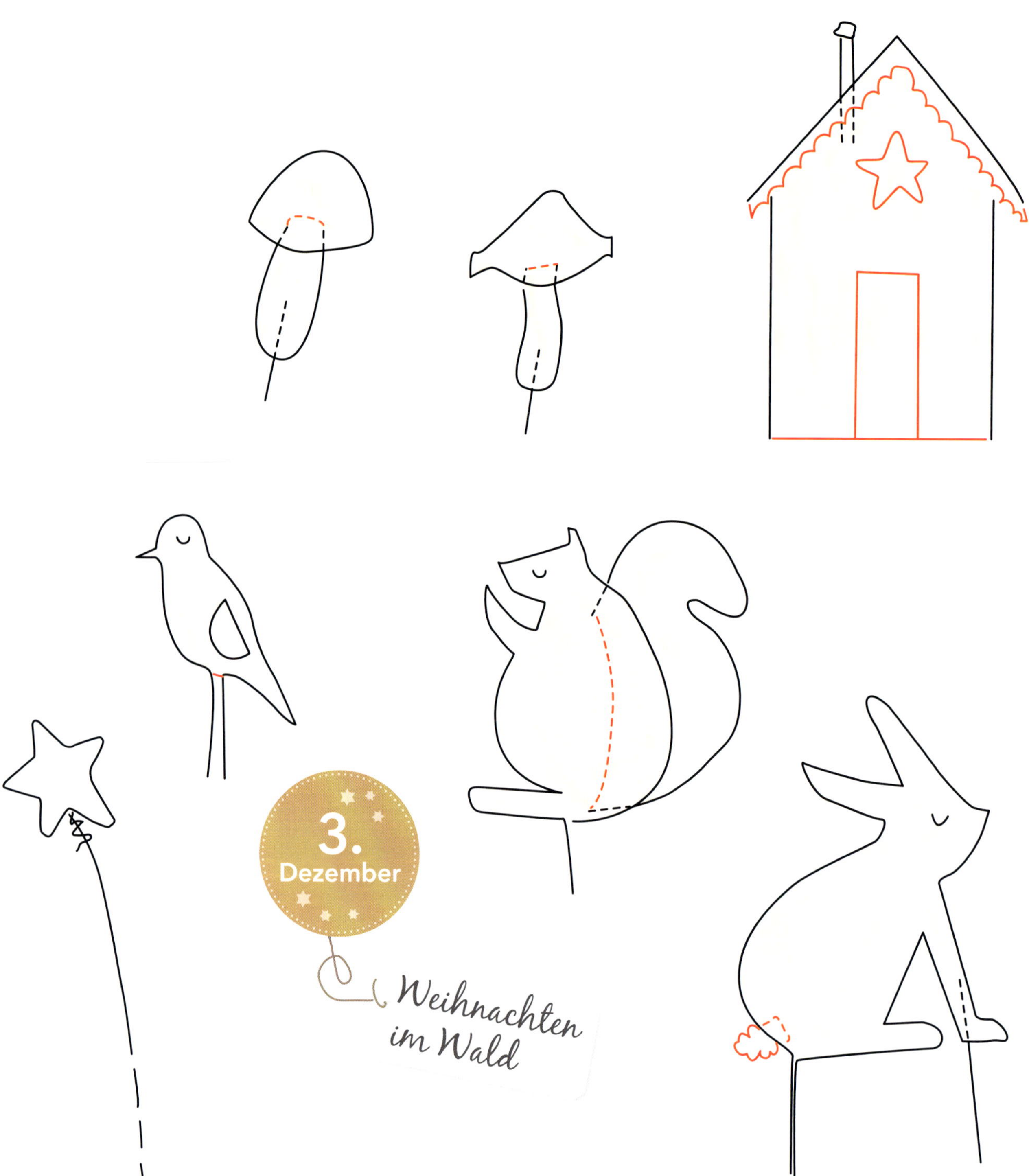
3.
Dezember
Weihnachten
im Wald

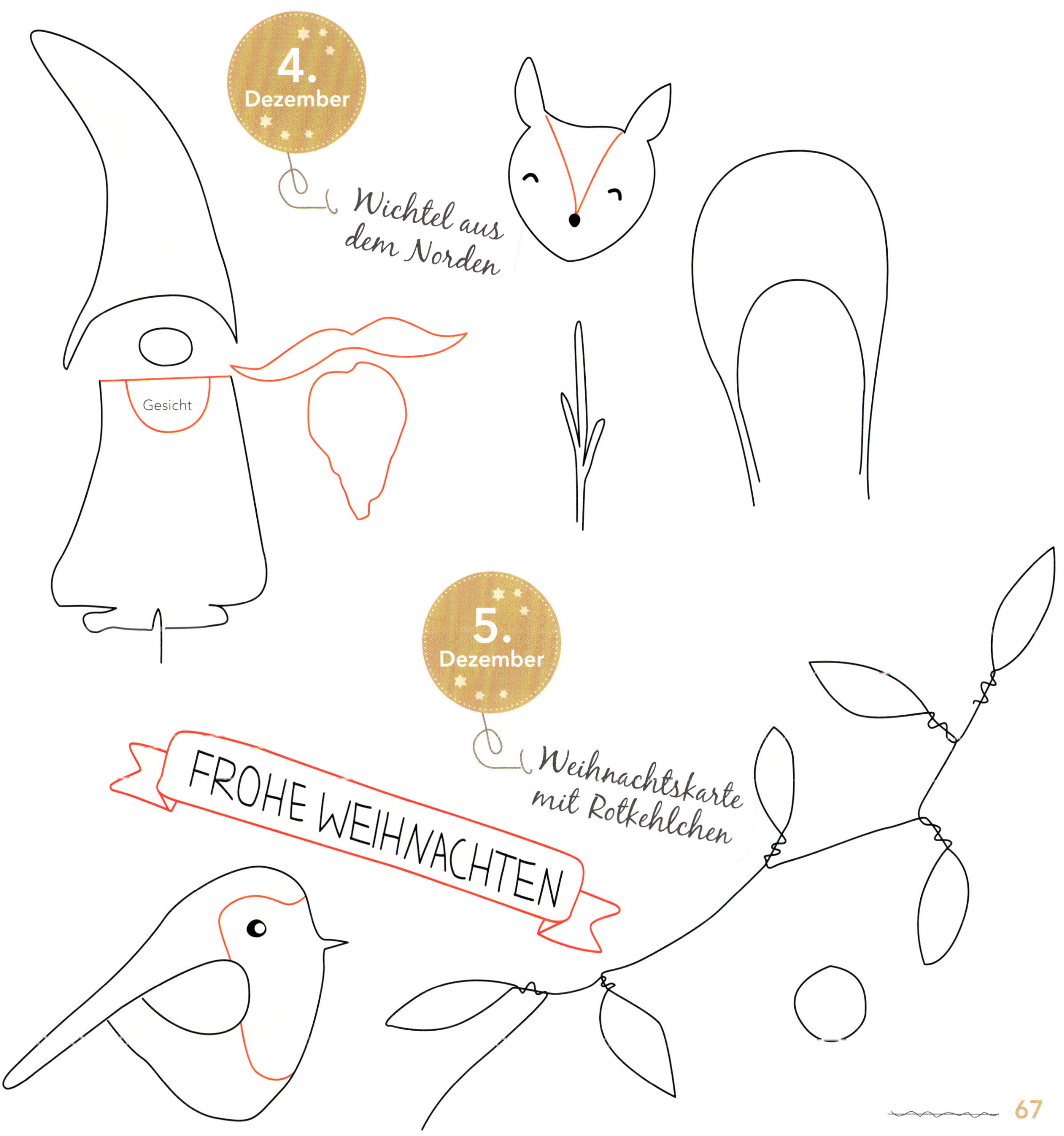
4. Dezember
Wichtel aus dem Norden
Gesicht
5. Dezember
Weihnachtskarte mit Rotkehlchen
FROHE WEIHNACHTEN

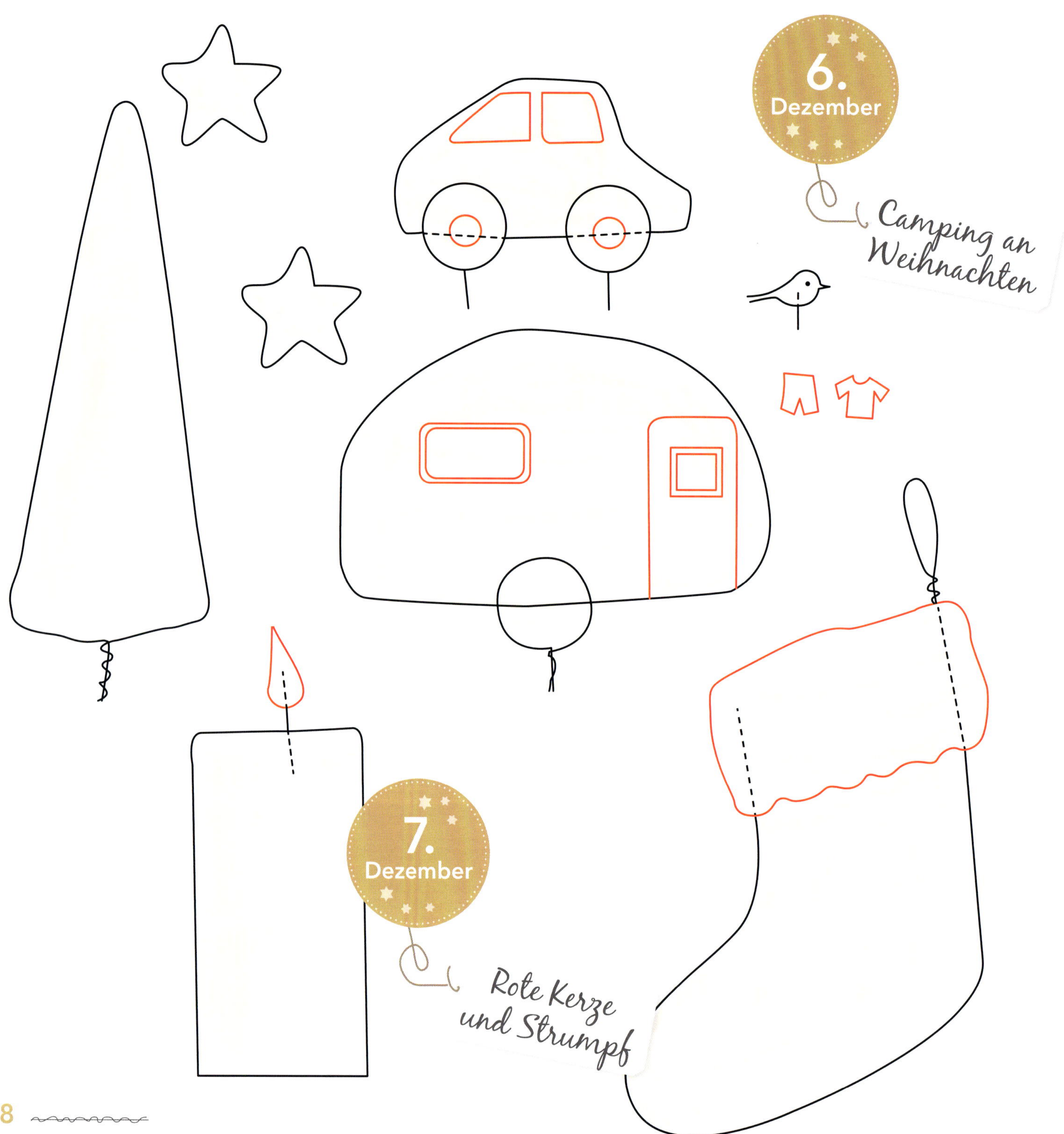
6.
Dezember
Camping an Weihnachten
7.
Dezember
Rote Kerze und Strumpf

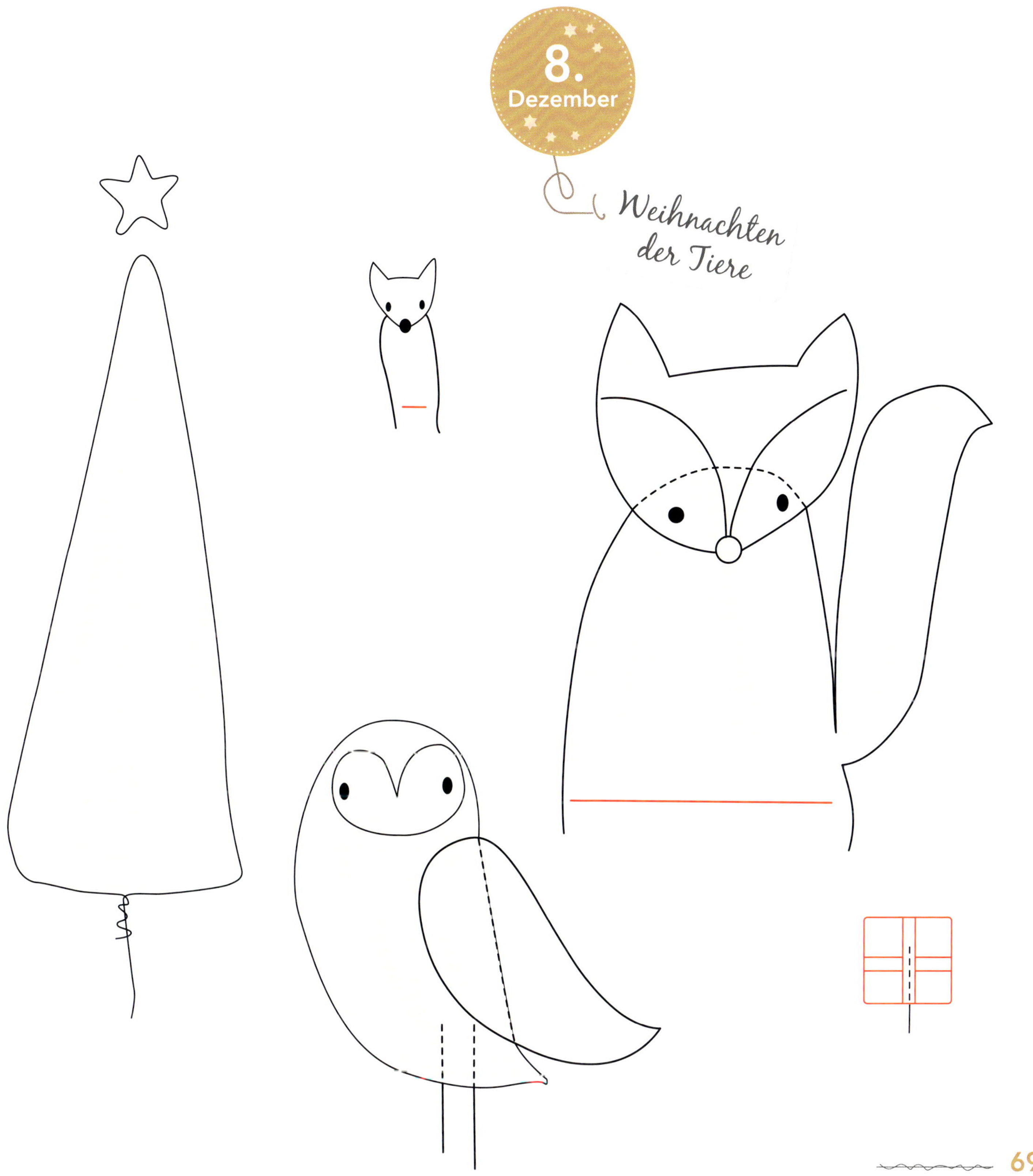
8.
Dezember
Weihnachten der Tiere

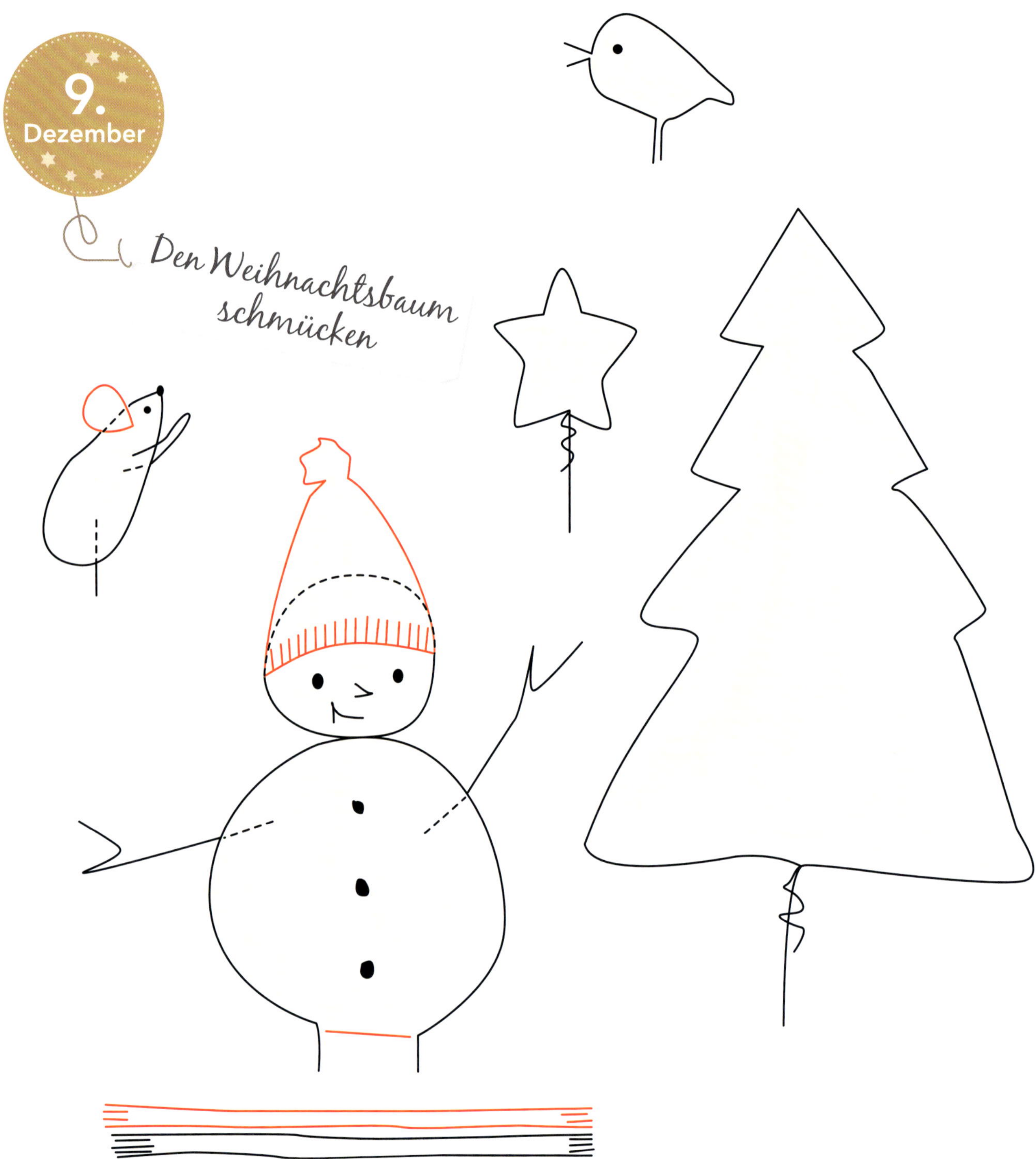
9.
Dezember
Den Weihnachtsbaum schmücken

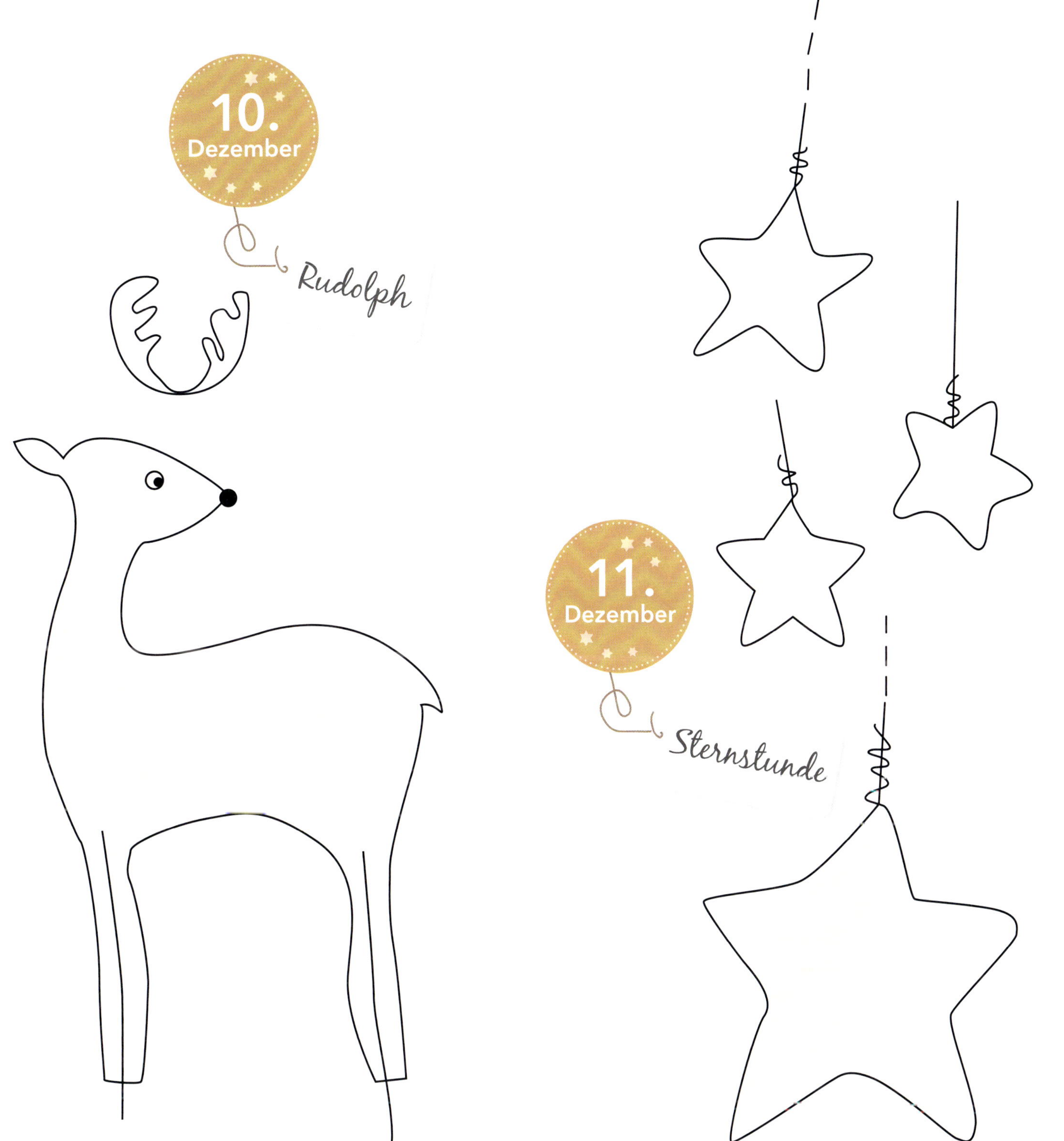
10.
Dezember
Rudolph
11.
Dezember
Sternstunde

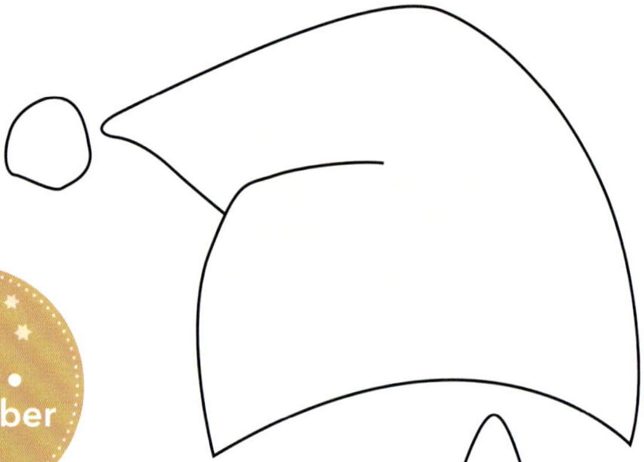

12. Dezember

Der Schneemann

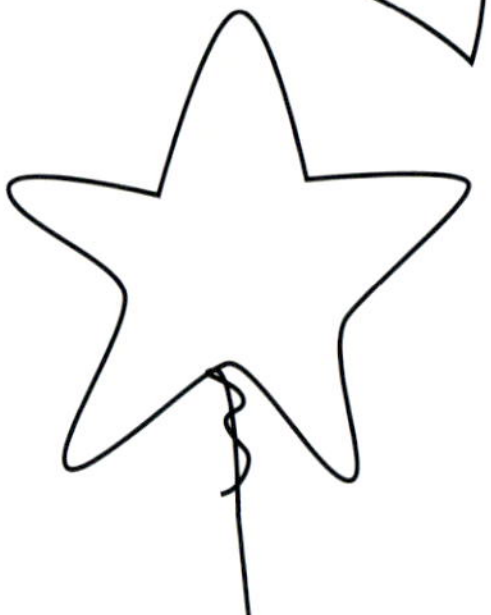

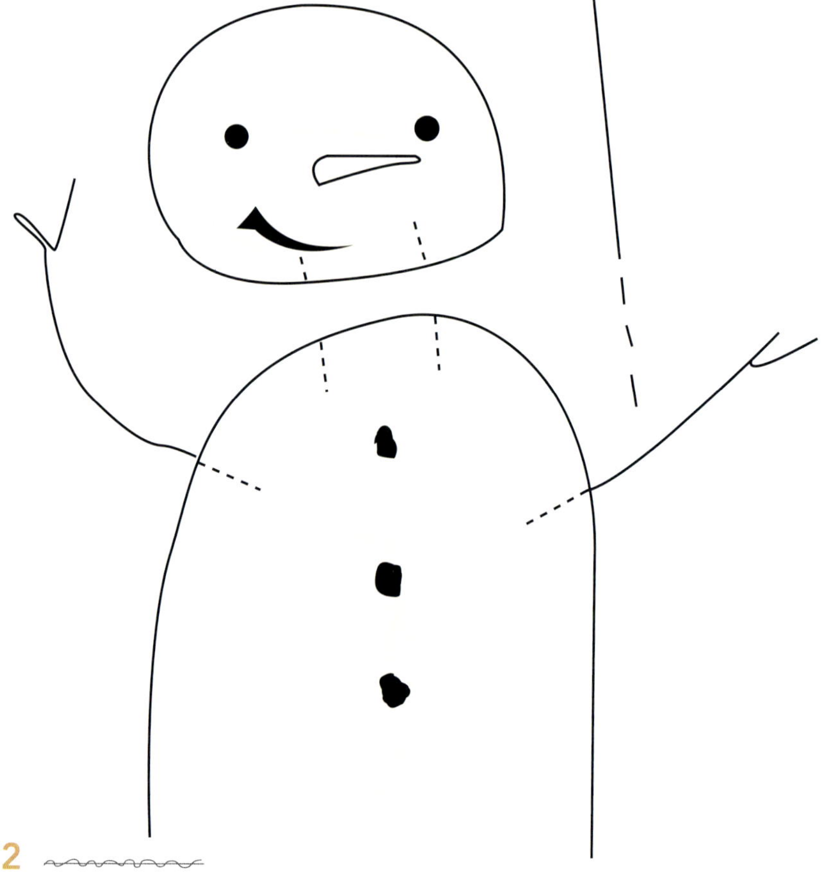

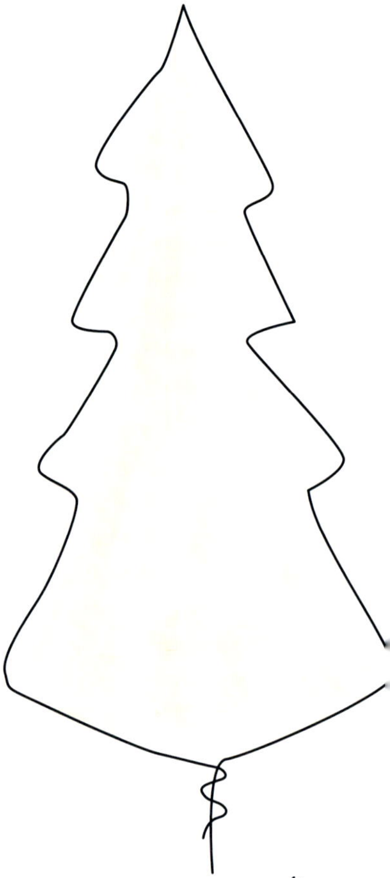

13. Dezember

Tannenwald

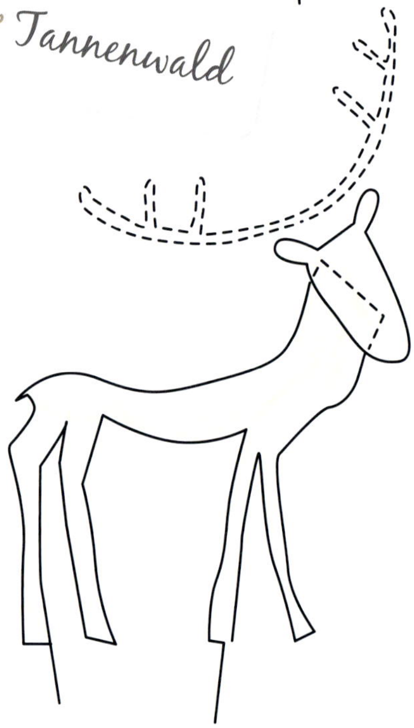

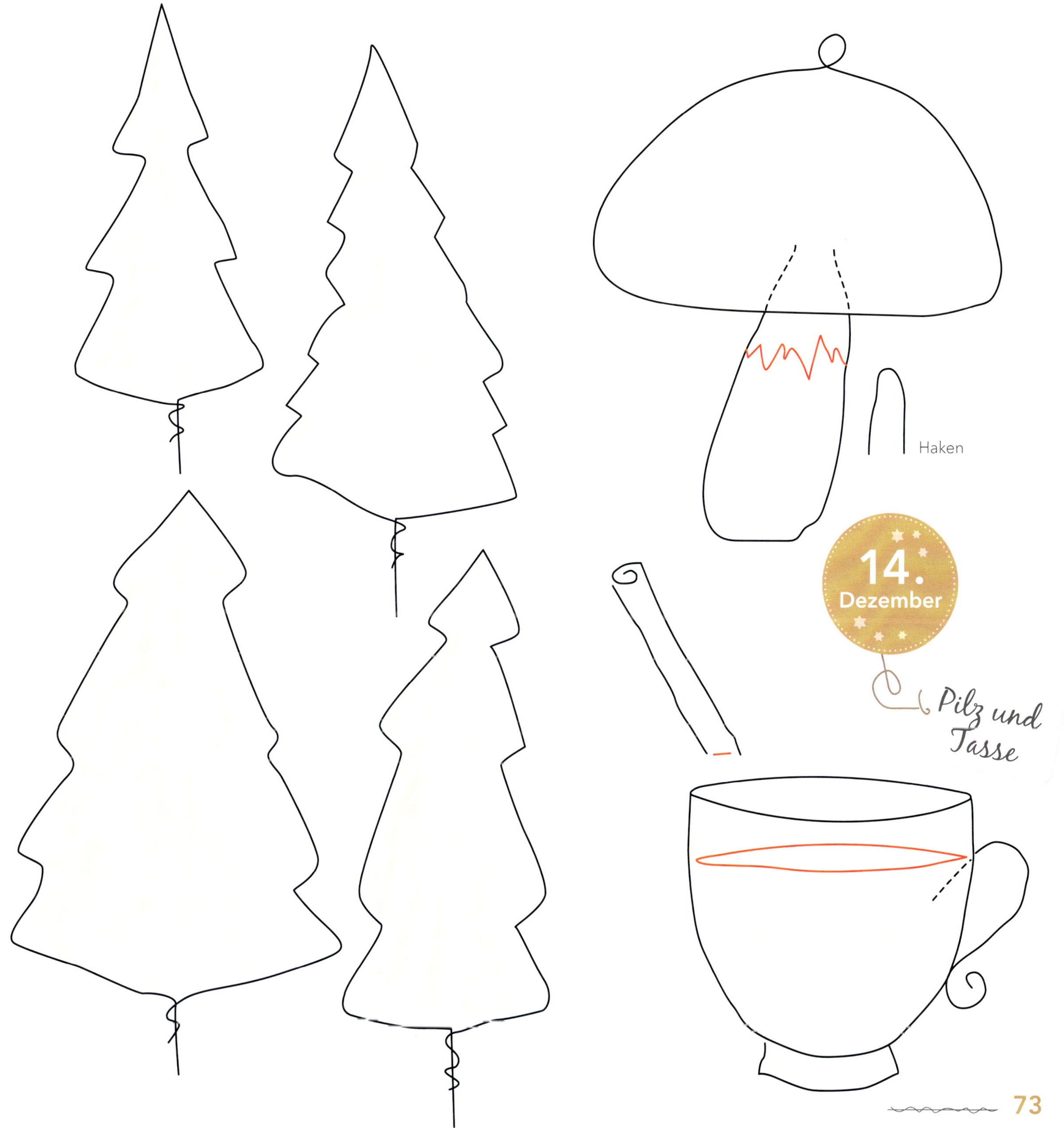
Haken
14. Dezember
Pilz und Tasse

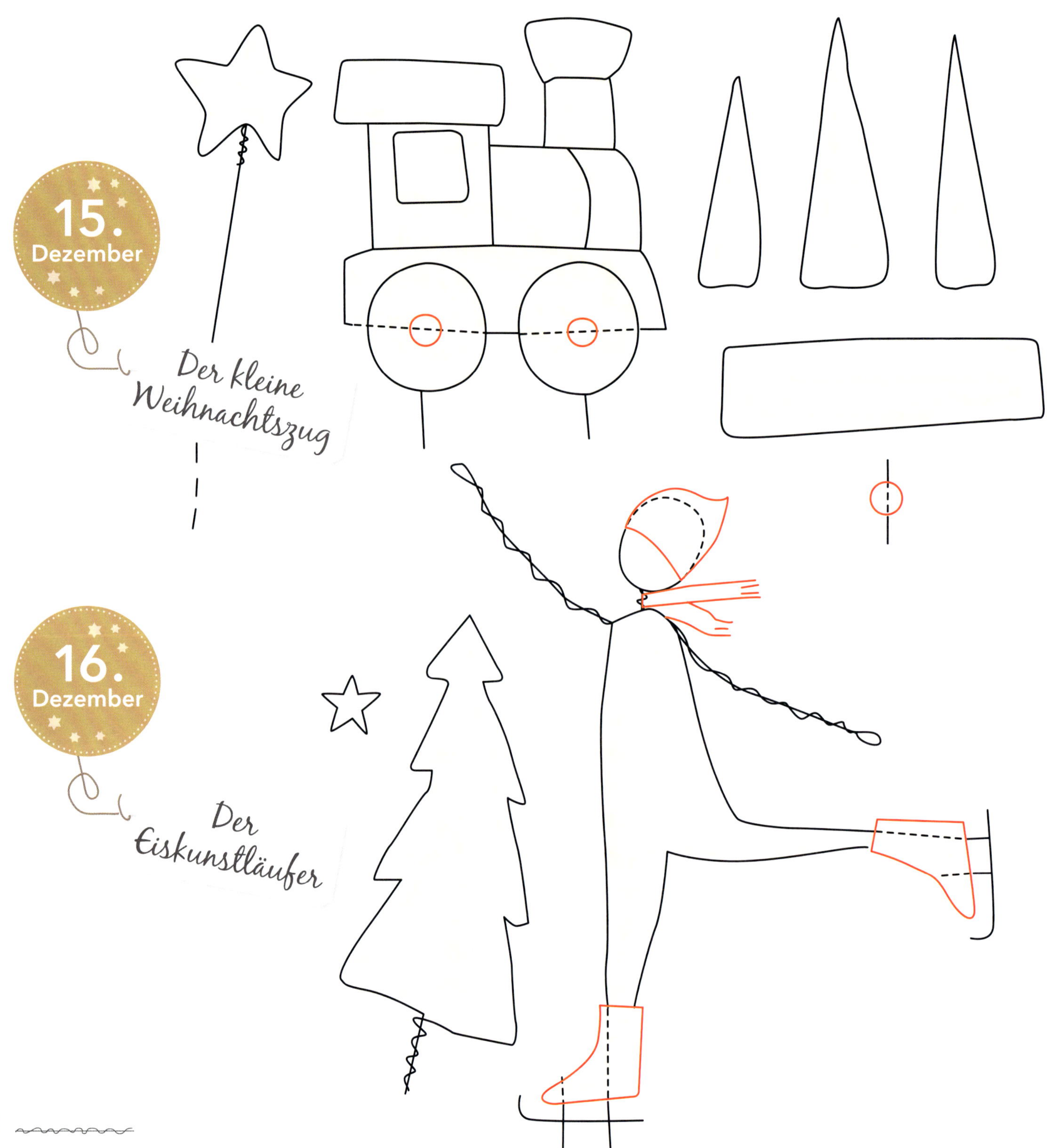
15. Dezember
Der kleine Weihnachtszug
16. Dezember
Der Eiskunstläufer

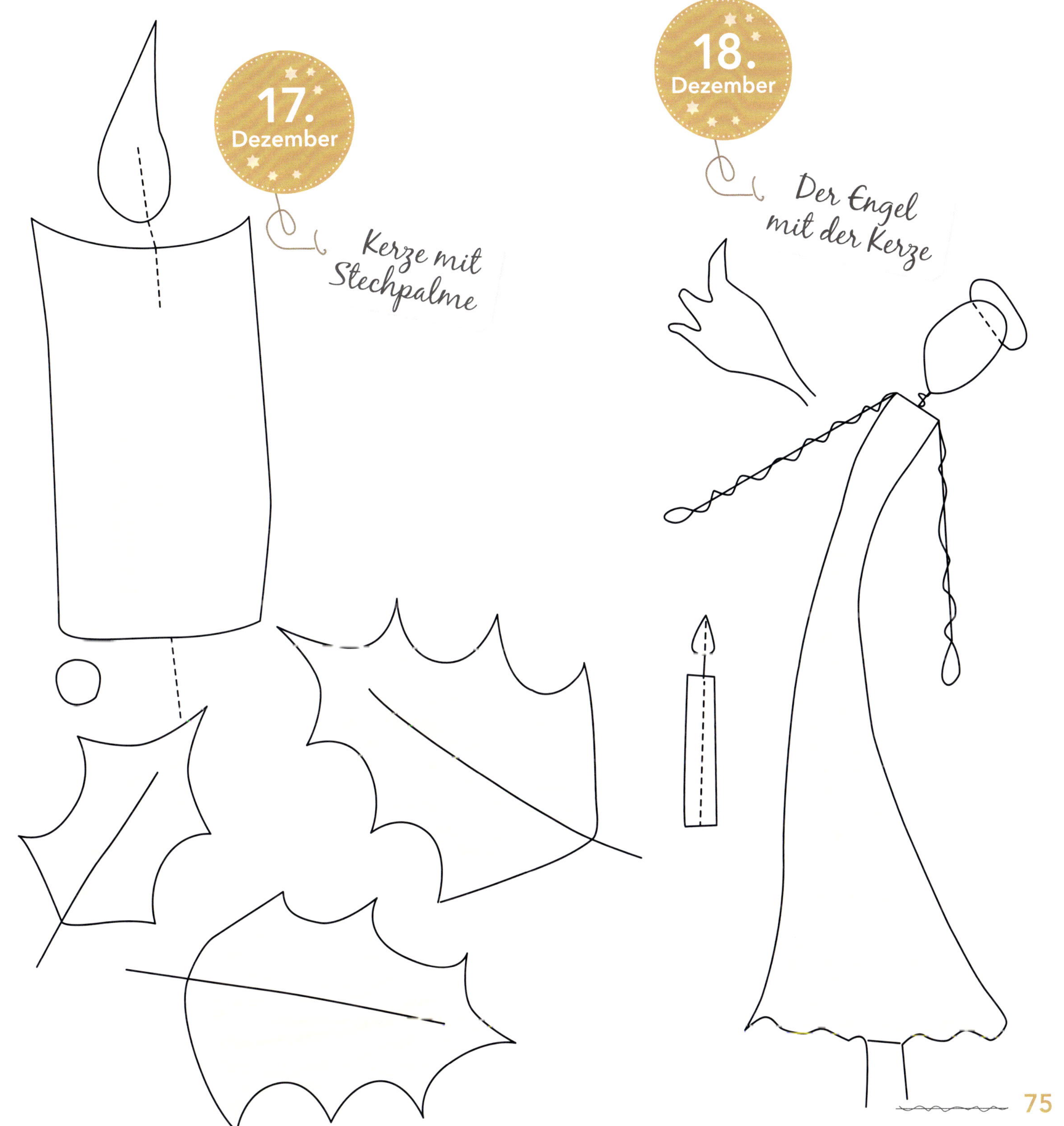
17.
Dezember
Kerze mit
Stechpalme
18.
Dezember
Der Engel
mit der Kerze

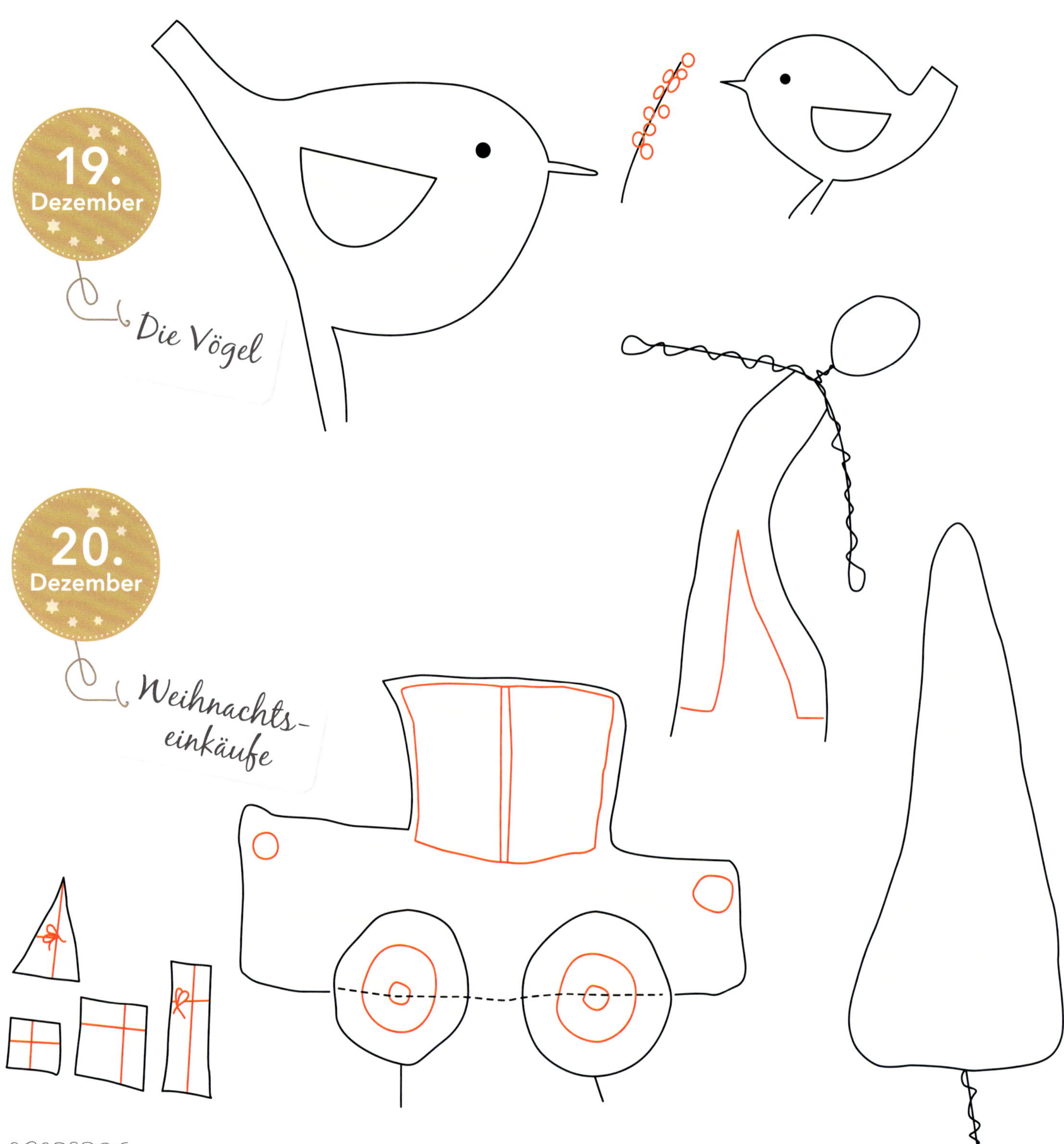
19. Dezember
Die Vögel
20. Dezember
Weihnachts-
einkäufe

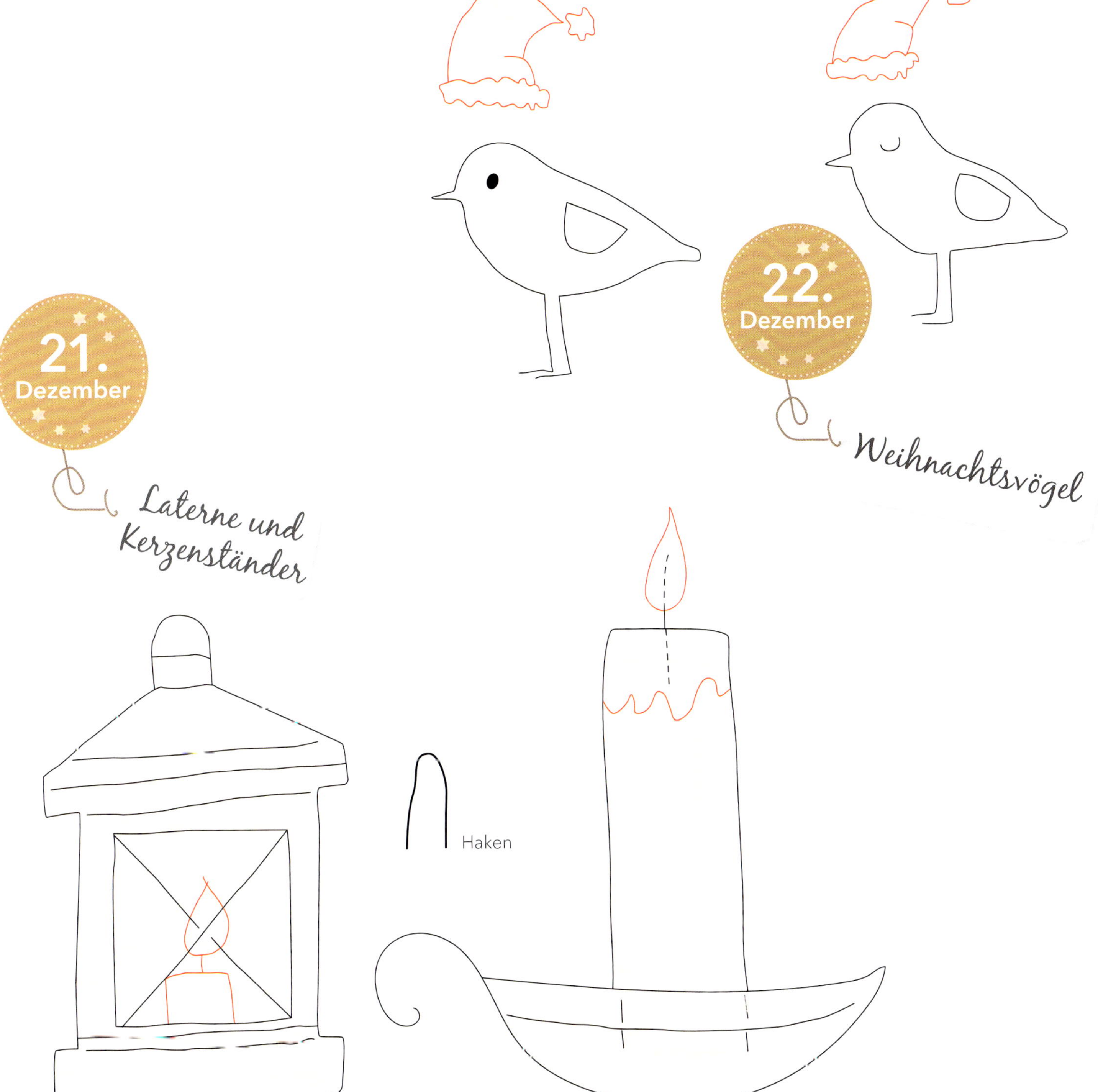
22.
Dezember
Weihnachtsvögel
21.
Dezember
Laterne und
Kerzenständer
Haken

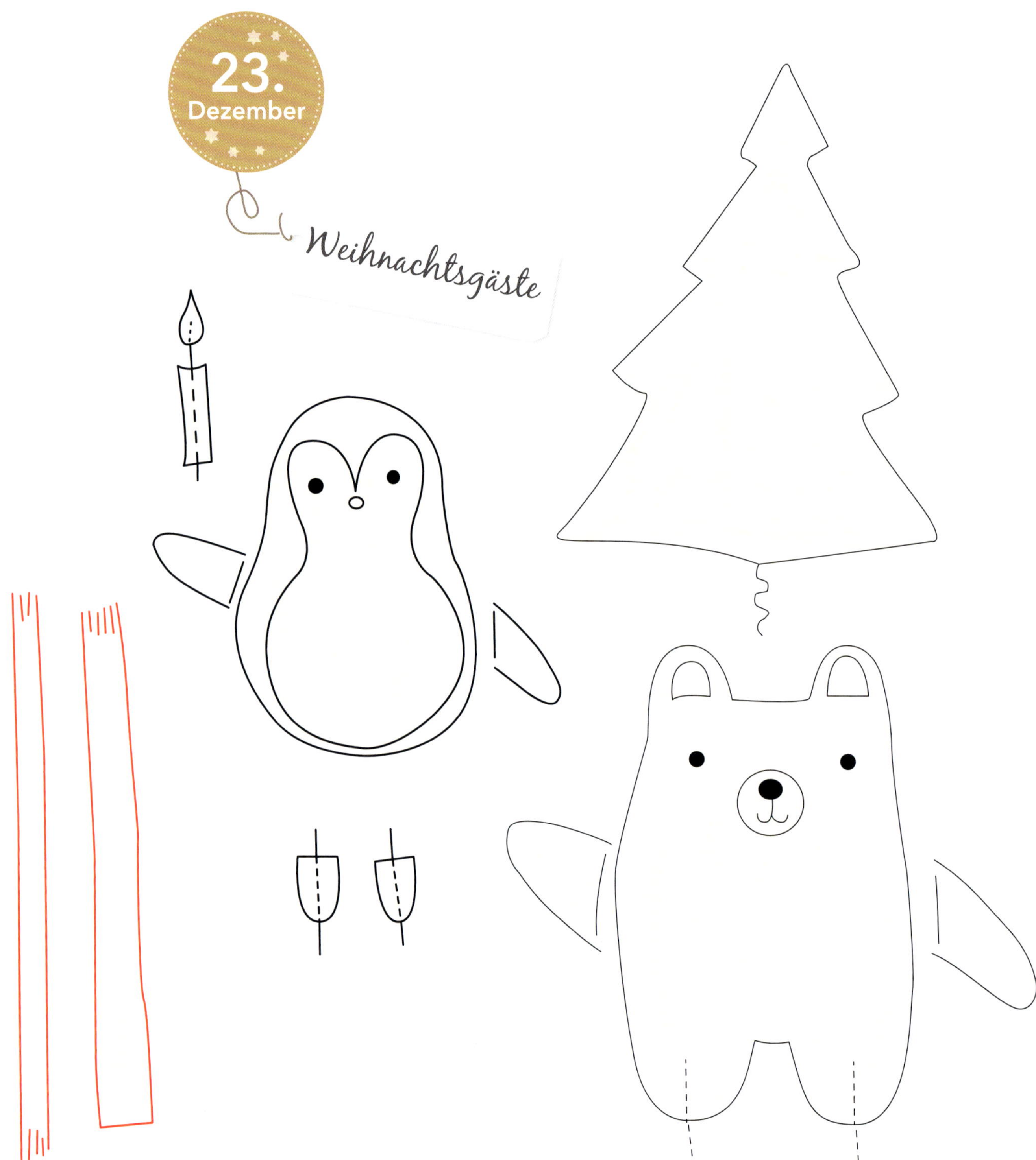
23.
Dezember
Weihnachtsgäste

24.
Dezember

Türmchen

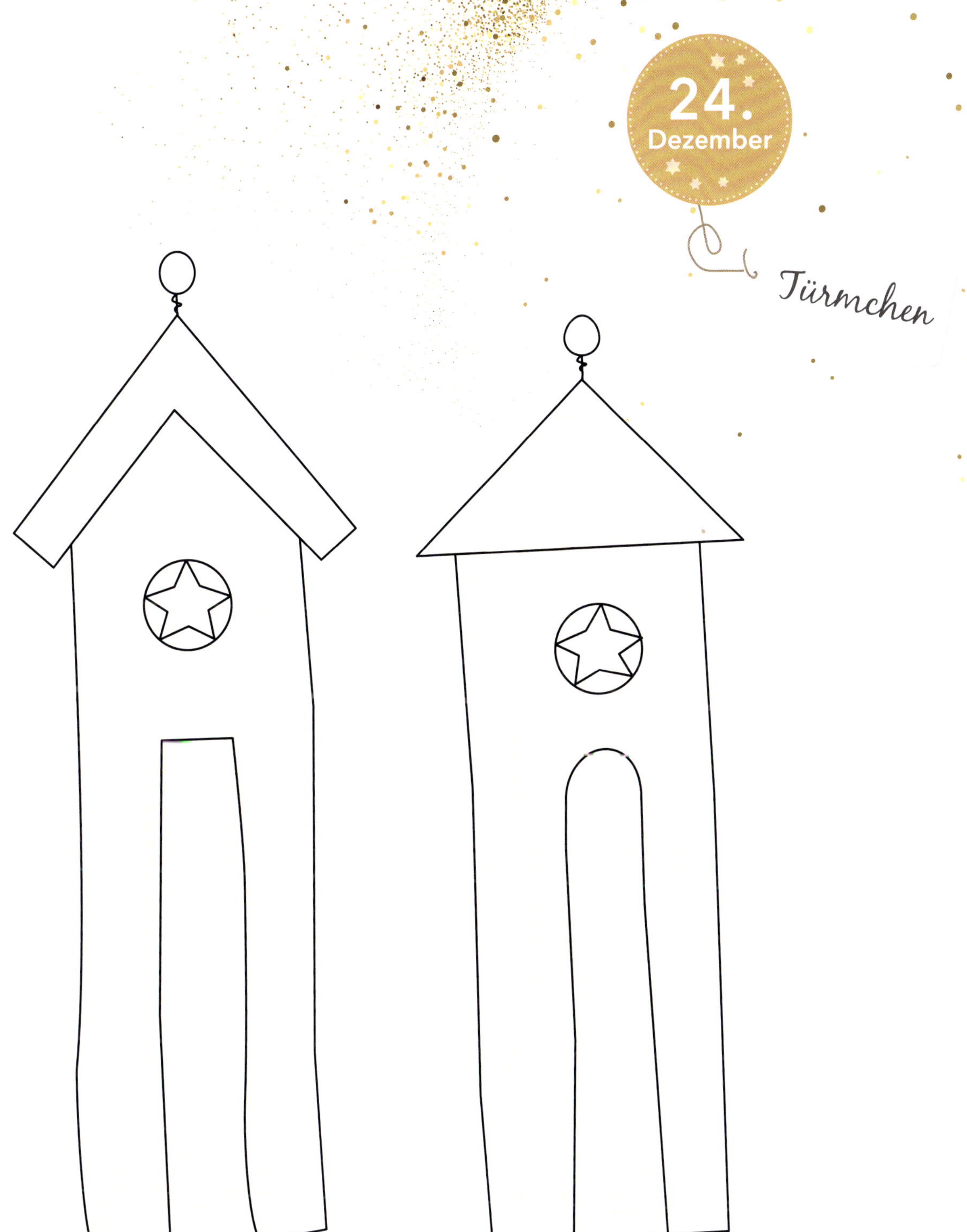

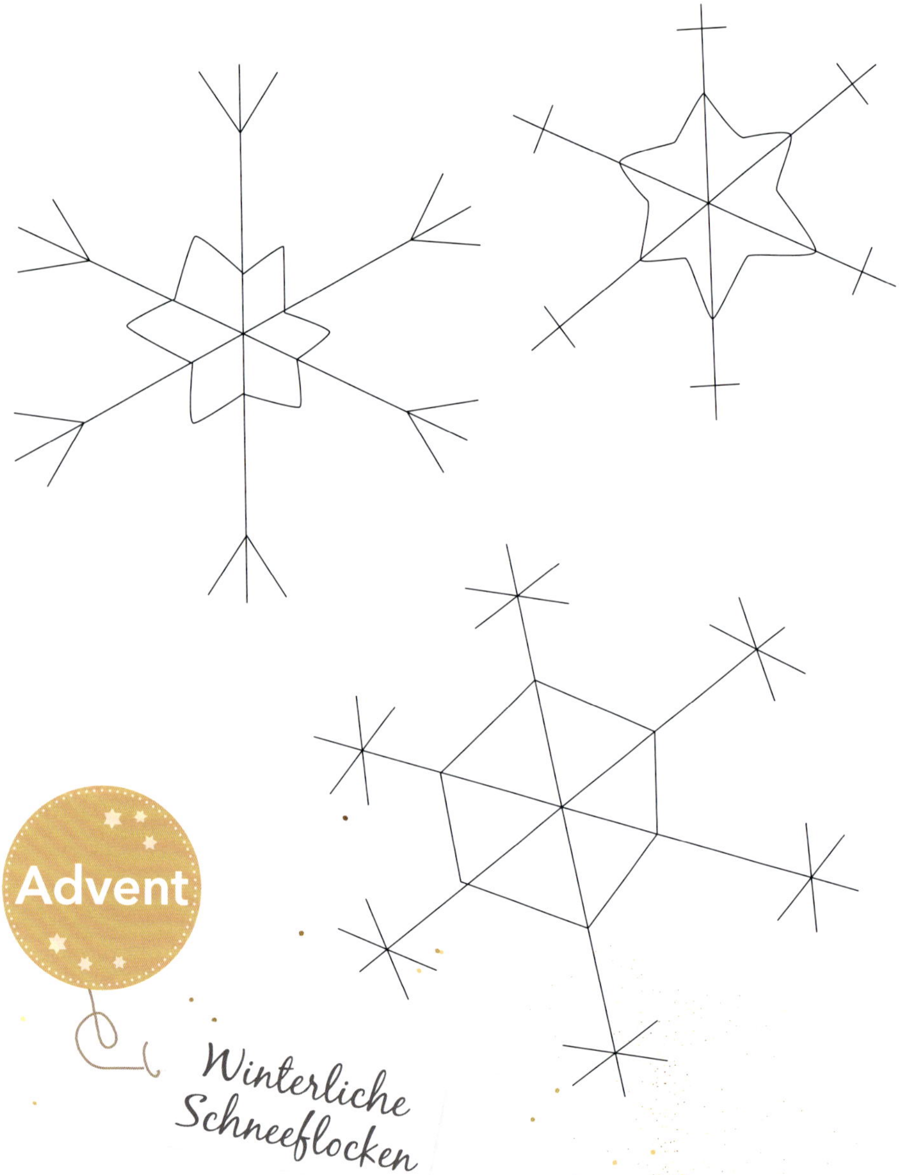

Advent

Winterliche Schneeflocken

Liebe Leserinnen und Leser,

wir freuen uns, dass Sie unser Buch in den Händen halten. Ihre Meinung ist uns sehr wichtig und von entscheidender Bedeutung für die Weiterentwicklung unserer Arbeit. Dabei hilft uns Ihr Feedback.

Sagen Sie uns, was Sie bewegt und was Sie sich wünschen.

Vielen Dank für Ihre Unterstützung!

Erfahren Sie mehr über unser Qualitätsversprechen: *www.lv-buch.de/qualitaetsversprechen*

Schicken Sie Ihr Feedback an buch@lv.de

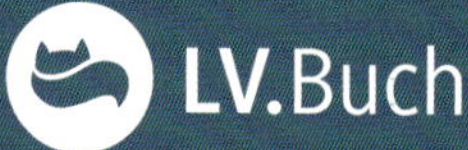